Collana
Ekklesia
2

Progetto grafico
Elisa Agazzi

In copertina
Papa Francesco e il patriarca Bartolomeo
insieme a Gerusalemme (Mark Neiman/GPO)

*Per informazioni sulle opere pubblicate
e in programma rivolgersi a:*

Edizioni Terra Santa
Via G. Gherardini 5 - 20145 Milano (Italy)
tel.: +39 02 34592679 fax: +39 02 31801980
http://www.edizioniterrasanta.it
e-mail: editrice@edizioniterrasanta.it

RICCARDO BURIGANA

UN CUORE SOLO
Papa Francesco e l'unità della Chiesa

edizioni
terra santa

Proprietà letteraria riservata
Fondazione Terra Santa - Milano

Finito di stampare nel giugno 2014
da Corpo 16 s.n.c. - Bari
per conto di Fondazione Terra Santa
ISBN 978-88-6240-271-2

INDICE

Un uomo della Samaria, che era in viaggio, gli passò accanto, lo vide e ne ebbe compassione. Gli andò vicino, versò olio e vino sulle sue ferite e gliele fasciò. Poi lo caricò sul suo asino, lo portò a una locanda e fece tutto il possibile per aiutarlo. Il giorno dopo tirò fuori due monete d'argento, le diede al padrone dell'albergo e gli disse: «Abbi cura di lui e se spenderai di più pagherò io quando ritorno».

Luca 10,33-35

PREFAZIONE

Il contributo personale di papa Francesco all'ecumenismo

S. Em. Card. **Walter Kasper**
Presidente emerito
Pontificio Consiglio per la promozione dell'unità dei cristiani

Papa Francesco ha dato prova della sua sensibilità ecumenica e del suo desiderio di ecumenismo fin da immediatamente dopo la sua elezione, quando dal balcone della basilica di San Pietro si è presentato come "Vescovo di Roma". Proprio questo infatti – Vescovo di Roma – è il titolo pontificio che suona accetto tanto agli ortodossi quanto ai luterani, pur nell'ambito di diverse interpretazioni. Un gesto ecumenico che non ha sorpreso nessuno tra quanti già avevano familiarità con l'ex arcivescovo di Buenos Aires. Questo gesto rende chiaro che il "papa Francesco Vescovo di Roma" è ben deciso a portare avanti il cammino che aveva intrapreso come arcivescovo di Buenos Aires con i cristiani ortodossi e luterani del territorio, nonché con le Chiese libere o nuove Chiese, incluse quelle pentecostali.

A Riccardo Burigana va il merito e il ringraziamento per avere raccolto i tanti incontri, gesti, omelie, discorsi e testi di taglio ecumenico di questo primo anno di pontificato di Francesco, commentandoli con competenza e arricchendoli di ulteriori dati. Ed è perfettamente riuscito a portare in piena luce il profilo ecumenico dell'attuale Papa.

Balza subito all'occhio come questo Papa, pur con tutta l'originalità di cui ha dato prova fin dal primo giorno di pontificato,

si collochi nella tradizione dei suoi predecessori, a cominciare
da Giovanni XXIII con il suo memorabile discorso di apertura del Concilio Vaticano II, *Gaudet Mater Ecclesia*. Un discorso
che, nella storia della Chiesa, ha dato avvio a un processo ancora ben lontano dall'essere concluso. Nell'esortazione apostolica
Evangelii gaudium di papa Francesco, tale processo trova una
inequivocabile eco e un chiaro intento di proseguimento. Nel
frattempo, in questi ultimi cinquant'anni sotto i pontificati di
Paolo VI, Giovanni Paolo II e Benedetto XVI, il Concilio ha
portato ricchi frutti in campo ecumenico. Non partiamo certo
oggi da zero, ma neppure dobbiamo rimanere indietro rispetto
ai risultati che già sono stati raggiunti. Peggio ancora sarebbe
dare spazio a certe voci rinunciatarie che si vanno diffondendo.
La continuità del cammino fin qui percorso può essere garantita
solo da un avanzamento nella stessa direzione.

Il fatto che qui papa Francesco non affermi nulla di *sostanzialmente* nuovo non significa affatto che non affermi nulla in
un modo *realmente* nuovo. Tutti i suoi testi, gesti e incontri sono
lì a dimostrare l'originalità di questo Papa e l'autentica singo-
larità della sua persona. Bergoglio sa bene dare espressione alla
inesauribile novità del Vangelo, che pure rimane sempre lo stesso, così come sa dare attuazione agli impulsi sorprendenti dello
Spirito Santo. Il che può essere dimostrato in tre passi.

1. Francesco è un Papa dell'incontro e un promotore ecumenico dell'incontro. Appartiene al carisma e al mistero della sua
"radiosità" personale la capacità di accogliere con stile umanis-
simo, cordiale e fraterno ogni persona che incontra, che sia cattolica, ortodossa o evangelica, o di altre religioni, o di nessuna
religione. E a spiegarlo non basta il suo simpatico buonumore.
Questo tratto personale rappresenta un carisma profondamente
cristiano. Nel Nuovo Testamento e nella Chiesa delle origini, i
cristiani si sono chiamati "amici". Che poi più avanti – ma anche
agli inizi, come mostra il Nuovo Testamento – abbiano spesso
assunto atteggiamenti ostili, o abbiano cominciato a creare sci-
smi interni, o siano divenuti indifferenti gli uni agli altri, tutto

questo appartiene al lato oscuro della storia della Chiesa.

La ricerca storica potrà in parte fare luce sulle molteplici cause che hanno condotto a questo oscuramento del Vangelo. Il Concilio Vaticano II ha espressamente riconosciuto che le differenze dottrinali, che fino al presente hanno scavato fosse apparentemente incolmabili, si sono sviluppate in un preciso contesto, ossia il raffreddamento della carità fraterna e la mancata comprensione di idee e situazioni diverse dalle proprie. Tutto questo ha prodotto ferite profonde. Un processo di guarigione potrà essere avviato e portato avanti solo evitando di ridurre l'altro a portavoce di una diversa dottrina, vedendolo invece come fratello o sorella, e cercando sempre di nuovo di dare vita a un incontro all'insegna della *pazienza* e del *sentire comune*, che poi è il significato etimologico della parola "sim-patia". Questo tipo di incontro, sul piano umano e cristiano, è l'"alfa e omega" dell'ecumenismo, così come di qualunque altra forma di dialogo.

2. Francesco, inoltre, è un Papa e un promotore dell'ecumenismo che pensa e agisce, in primo luogo, non in base alle categorie dello spazio ma a quelle del tempo e dei processi di sviluppo. Nella *Evangelii gaudium* afferma esplicitamente il primato del tempo sullo spazio. Sa bene che non ci si può aspettare di punto in bianco la soluzione dei problemi, tanto più se sono problemi che si trascinano da secoli. Si richiede un più vasto respiro, una prospettiva più ampia. Occorre avviare dei processi storici e avere pazientemente fiducia nelle dinamiche di sviluppo che così prendono vita. Si tratta di un atteggiamento che rispecchia la pedagogia adottata da Dio stesso nella storia della salvezza, quando Egli intraprende con il Suo popolo, con grande e instancabile pazienza, un lungo cammino, spesso perfino caratterizzato da marce indietro; una pazienza che dovrà continuare ad avere anche con la sua Chiesa, pur mossa dallo Spirito Santo.

Come esperto pedagogo, papa Francesco non sale – diciamo così – sul ponte di comando per indicare agli altri la strada: egli intende rimanere lungo la strada insieme al popolo di Dio, accompagnandolo nel cammino e, se necessario, precedendolo con coraggio. La strada potrà essere molto lunga. Ciò esige pazienza, il che riesce difficile in un tempo effimero come il nostro dove si tende a voler sempre tutto e subito. La storia dell'ecumenismo non è una storia tutta costellata di progressi e successi; vi sono anche momenti di "deserto senza strade" e inattesi dietrofront. Come era avvenuto nell'esodo del popolo dell'Antica Alleanza attraverso il deserto, anche ora possono verificarsi mormorii, momenti di stanchezza e di scoraggiamento. L'entusiasmo fa presto a trasformarsi in delusione. Tutte esperienze che l'attuale movimento ecumenico conosce bene. A maggior ragione quindi, in questo tempo che è diventato così arido e poco disposto ai progressi ecumenici, dovremmo essere grati per i segni di speranza e le ri-partenze che ci offre papa Francesco.

3. Infine, Francesco è un Papa della pace e un promotore ecumenico della pace. Ai suoi occhi, il cammino ecumenico di convergenza tra cristiani, così come l'amicizia con il popolo ebraico e la collaborazione con le altre religioni, vanno di pari passo e al servizio dell'unità e della pace per l'intera famiglia umana. Il fondamentale bene umano della pace non è solo questione di diplomazia e di strategia. È anche e soprattutto opera della giustizia, perché va da sé che una pace duratura potrà solo basarsi sulla giustizia. Per la Bibbia, la pace (*shalom, salam*) è un dono di salvezza, se non addirittura *il* dono salvifico fondamentale, ed è impossibile averlo senza il perdono delle colpe passate e senza misericordia.

Già il Concilio aveva indicato l'ecumenismo spirituale, l'ecumenismo della preghiera, come anima e cuore di tutto l'ecumenismo. Papa Francesco ha aggiunto un importante punto, che già era stato comunque accennato da Giovanni XXIII nel suo discorso *Gaudet Mater Ecclesia*. All'epoca, papa Roncalli aveva affermato che gli errori non andavano più combattuti con le armi della forza ma risanati con la medicina della misericordia. Francesco ha posto la misericordia al centro del proprio pontificato. E non si tratta per nulla di cristianesimo a buon mercato. È espressione di fedeltà all'essenza stessa di Dio e del cristianesimo, vale a dire l'amore. È quindi espressione di una identità senza compromessi, ma non di una identità esclusivista che traccia linee di demarcazione; semmai, una identità aperta, accogliente, che costruisce ponti verso l'altro e dischiude nuove possibilità.

Che cosa ciò significhi in concreto, papa Francesco lo ha chiaramente indicato quella volta che ha paragonato la Chiesa a un ospedale da campo. Si potrebbe utilizzare lo stesso paragone per il dialogo ecumenico e interreligioso. Anche in questo caso si tratta di fasciare piaghe antiche e profonde, e in via di peggioramento. Sono piaghe inferte alla carne di Cristo: ferite che ci siamo inferti reciprocamente e abbiamo inferto ad altri, e in definitiva a Cristo stesso. Per cui, il servizio spirituale da offrire nel dialogo è quello che offrì il buon samaritano. E questo non potrà avvenire facendo calare tutto dall'alto o – per così dire – "stando a cavallo". Bisognerà scendere, senza fare "lavate di capo" agli altri ma lavando loro i piedi, proprio come ha fatto questo Papa nei primissimi giorni di pontificato. Come ha detto lui stesso, il compito in un ospedale da campo è quello di fornire un pronto soccorso, un primo aiuto. Si deve cominciare dai fondamentali, o per dirla in termini teologici: rispettare la gerarchia delle verità, avere il nucleo del Vangelo come punto di partenza, assicurarsi che la caratteristica prima e principale di Dio sia sempre la Sua misericordia, e questo non solo perché lo dice il Nuovo Testamento, ma già anche l'Antico e, a suo modo, il Corano.

Con questo, non che venga abolito o screditato il dialogo teologico sulle differenze dottrinali, ché anzi resta di enorme urgenza. Ma potrà rivelarsi fruttuoso solo se non si trasformerà in una lite per decidere chi abbia ragione. Dovrà essere – come ebbe a definire il dialogo Giovanni Paolo II – uno scambio di doni; doni che abbiamo ricevuto ciascuno alla sua maniera e che dobbiamo trasmettere; doni con i quali dobbiamo arricchirci gli uni gli altri, e dai quali dobbiamo reciprocamente imparare. Tutto questo è possibile soltanto in un'atmosfera spirituale di misericordia e disponibilità al perdono. Là dove manca un'atmosfera di questo genere, si potrà forse avere una disputa chiarificatrice

di tipo accademico, ma non un progresso nel dialogo ecumenico
o interreligioso. Se questa atmosfera c'è, allora si smette di girare
in tondo, e ci si indicano reciprocamente delle nuove strade per
proseguire. È qui che traluce qualcosa della pace del Vangelo e
della sua intrinseca forza di persuasione – perché l'unica cosa
credibile è l'Amore.

Alla fine dei conti, vale per il dialogo ecumenico ciò che vale
per tutti i casi di dialogo affrontati dal Concilio Vaticano II.
Il metodo è sempre lo stesso, pur nella diversità degli interlocutori e dei problemi. Questo vale anzitutto per l'ecumenismo
intra-cristiano con i fratelli e sorelle delle Chiese orientali e
ortodosse, da una parte, e i fratelli e sorelle delle comunità nate
dalla Riforma e di alcune "libere Chiese" di costituzione più
recente. Lo stesso, poi, per il dialogo con le altre religioni. Il
dialogo con il popolo dell'Antica Alleanza ha caratteristiche
peculiari: al termine di una storia lunga, difficile e complessa,
abbiamo finalmente imboccato il viale dell'amicizia, che troverà
la sua pienezza solo nell'*eschaton*. All'islam ci unisce e allo stesso tempo ci distingue la fede nell'unico Dio e la discendenza
da Abramo. Questo fondamento comune può rendere possibile
una collaborazione rispettosa nell'impegno per la pace e la giustizia nel mondo.

Non abbiamo ancora detto nulla del dialogo con le religioni
e culture asiatiche. È un tema che balzerà in primo piano con
gli annunciati viaggi di papa Francesco in Asia. A parere di
molti, incluso Giovanni Paolo II, sarà proprio l'Asia a rappresentare la grande sfida per il cristianesimo nel XXI secolo. La
globalizzazione ha lasciato emergere solo in maniera superfi-
ciale le grandi differenze culturali e spirituali, ma dato che il
cristianesimo viene spesso percepito, da quelle antiche culture, come un corpo estraneo di marchio occidentale, potrebbero
esplodere nuovi conflitti tra civiltà e popoli. Il ponte con l'O-
riente non può essere solo il Mercato: dovrà anche consistere
in un incontro con la mistica asiatica. Non nel senso di una
frettolosa assimilazione di "pezzi a piacere" di religioni orienta-

li, ma di una compenetrazione e trasformazione in profondità. L'Asia può aiutare i cristiani a riscoprire i propri tesori mistici, rituffandosi negli abissi dello Spirito.

Qui si apre tutto un vasto campo di azione, una ulteriore via in grado di gettare ponti profetici verso il "Dio tutto in tutti" dell'escatologia. In questo senso, all'ecumenismo si offre oggi un nuovo percorso; ma, del resto, il senso originario del termine *oikoumene* indicava già l'intero globo abitato con tutta la ricchezza del patrimonio delle culture dei vari popoli. Il Papa venuto dalla "fine del mondo", grazie ai simpatici (nel senso etimologico) ed empatici incontri che terrà, grazie all'ampiezza di respiro della sua azione pastorale, in uno spirito di pace e di misericordia, potrà offrire un contributo decisivo del tutto personale.

* Traduzione dal tedesco di Dario Rivarossa.

INTRODUZIONE

«Eadesso, incominciamo questo cammino: vescovo e popolo. Questo cammino della Chiesa di Roma, che è quella che presiede nella carità tutte le Chiese. Un cammino di fratellanza, di amore, di fiducia tra noi. Preghiamo sempre per noi: l'uno per l'altro. Preghiamo per tutto il mondo, perché ci sia una grande fratellanza»[1].

Fin dalle sue prime parole, papa Francesco ha mostrato quanto centrale fosse per lui l'impegno a vivere l'unità della Chiesa a partire dal suo ministero di vescovo di Roma. Nei mesi seguenti questa idea si è venuta manifestando con sempre maggiore chiarezza attraverso parole e gesti con i quali egli ha voluto richiamare i cristiani a vivere l'unità della Chiesa nella quotidianità dell'esperienza di fede. Proprio alle parole e ai gesti di papa Francesco per l'unità della Chiesa è dedicato questo volume, con il quale ci si propone di presentare quanto Bergoglio ha fatto e sta facendo per il cammino ecumenico, in profonda continuità con i suoi immediati predecessori da una parte e con molte significative novità dall'altra, secondo uno stile che caratterizza il suo ministero petrino.

La continuità con i predecessori (Giovanni XXIII, Paolo VI, Giovanni Paolo II, Benedetto XVI) costituisce un elemento centrale nella sua opera per la costruzione dell'unità visibile della Chiesa, con il richiamo ai passi compiuti proprio nella direzione di un ripensamento del ruolo della Chiesa Cattolica nel movimento ecumenico e della dimensione ecumenica nella vita

---

[1] Dal discorso rivolto da papa Francesco alla folla riunita in piazza San Pietro in occasione della sua elezione, il 13 marzo 2013.

delle comunità cattoliche da parte dei pontefici che lo hanno
preceduto; in questa prospettiva il Concilio Vaticano II, con i
suoi documenti, in particolare il decreto *Unitatis redintegratio*,
la sua stessa celebrazione e poi la sua recezione, rappresenta la
fonte dalla quale non si può prescindere, dal momento che proprio il Vaticano II è alla base di una stagione nuova nei rapporti
tra i cristiani. Un nuovo corso che appare evidente nei dialoghi
ecumenici, portati avanti pur tra qualche difficoltà, nei documenti sottoscritti dalle Chiese e comunità ecclesiali per rendere
sempre più esplicito ciò che già li unisce, nelle opere condivise
nel mondo, in forme molto diverse, che configurano un ecumenismo della quotidianità del quale, talvolta, non si ha un'esatta
percezione.

Per papa Francesco si tratta quindi di proseguire sulla strada aperta e tracciata fin da Giovanni XXIII, nella memoria di
quanto è stato fatto; da questo punto di vista assume un valore del tutto particolare la celebrazione del 50° anniversario del
pellegrinaggio di Paolo VI in Terra Santa[2] con il suo incontro
con il patriarca ecumenico Atenagora, che tanto peso ebbe nel
mostrare al mondo come i cristiani, in particolare cattolici e ortodossi, avessero iniziato una nuova stagione di dialogo, fatto di
gesti concreti attraverso i quali manifestare la fedeltà e l'amore per il compito che Cristo ha affidato alla Chiesa. Il ricordo
di questo anniversario, che è stato uno degli elementi sui quali
papa Francesco è tornato più volte, aiuta a comprendere quali e
quante novità papa Bergoglio ha portato nel cammino ecumenico; proprio il ricordo di quell'abbraccio diventa infatti occasione per invitare tutti, cattolici *in primis*, a vivere il cammino
ecumenico come un tempo privilegiato della testimonianza di
Cristo nel mondo, ogni giorno, per rendere sempre più efficace
la missione della Chiesa. Per il Papa l'annuncio dell'Evangelo

---

[2] 4-6 gennaio 1964.

al mondo costituisce così il compito primario per tutti i cristiani, chiamati a «essere uno», secondo le parole del vangelo di Giovanni, proprio per vivere la missione della Chiesa. I cristiani non devono ignorare le differenze che ancora li separano, ma nondimeno devono vivere con gioia il dono ricevuto da Cristo di testimoniare l'unità della Chiesa, di essere annunciatori della Buona Novella nella fedeltà alla Parola di Dio; devono mettersi in cammino, farsi pellegrini nella convinzione di giungere presto a quell'unità, voluta da Dio, al quale i cristiani devono rivolgere le loro preghiere pur sapendo bene che il Signore opererà in modo del tutto straordinario e inaspettato.

Papa Francesco introduce così una nuova lettura dell'importanza della dimensione quotidiana dell'ecumenismo nella missione della Chiesa, sulla quale si erano già soffermati i suoi predecessori, soprattutto Giovanni Paolo II e Benedetto XVI; questa centralità è richiesta dalla Parola di Dio, che costituisce una sorgente fondamentale e irrinunciabile del cammino ecumenico. Proprio l'ascolto della Parola, come ha ripetuto tante volte il Papa, mostra come le divisioni tra cristiani non siano tollerabili, non possano essere accolte in silenzio, con rassegnazione, ma debbano essere rimosse per rendere sempre più efficace la missione della Chiesa nel mondo e per il mondo. Da questo punto di vista assume un valore del tutto particolare l'impegno per la costruzione della pace, della quale i cristiani devono farsi promotori proprio per la fedeltà a quanto si legge nelle Sacre Scritture, in ogni luogo; certamente, in questo compito, i cristiani devono cercare la collaborazione di tutti gli uomini e le donne di buona volontà, anche se appartenenti ad altre religioni o estranei a qualsiasi dimensione religiosa.

Proprio l'accento posto sull'importanza dell'ascolto e della lettura della Parola di Dio nel cammino ecumenico richiama anche un altro aspetto nel quale si coglie la continuità e la novità di papa Francesco: il rapporto della Chiesa Cattolica con il popolo ebraico. Questo costituisce un aspetto di grande rilievo del suo pontificato, anche al di là di una valenza strettamente ecumenica, dal momento che indica una lettura delle vicende storiche della Chiesa e della celebrazione del Vaticano II tesa a rafforzare l'idea di una "fratellanza" tra cristiani ed ebrei nel loro vivere nel mondo valori comuni.

In questo volume seguiremo una scansione tematico-cronologica. Si inizierà con la presentazione del primo incontro del Papa con i rappresentanti delle comunità cristiane e delle religioni all'indomani della sua elezione, prendendo poi in esame i primi incontri ecumenici con Tawadros II, capo della Chiesa Copta, e con Paulose II, capo della Chiesa Siro-Malankarese; si delineerà così quanto rilievo abbia per Bergoglio la condivisione della fondazione apostolica delle Chiese nel trovare nuove forme per vivere oggi quella comunione che ha caratterizzato la vita degli apostoli.

Nel secondo capitolo si prende in esame il rapporto della Chiesa Cattolica con il popolo ebraico a partire da una scelta di testi, tra i quali il messaggio indirizzato al rabbino Riccardo Di Segni, guida della comunità di Roma, per invitarlo alle celebrazioni di inizio del suo pontificato. A queste prime parole ne sono seguite molte altre, nelle quali la memoria delle tragiche vicende della seconda guerra mondiale costituisce un continuo richiamo e un monito a che l'orrore della Shoah non si ripeta mai più.

L'impegno per la pace è l'oggetto del terzo capitolo, che si sofferma soprattutto sulla celebrazione di una giornata di digiuno e di preghiera in suo favore.

La sezione successiva presenta gli incontri con Justin Welby, arcivescovo anglicano di Canterbury, con una delegazione della Federazione Luterana Mondiale e con Olaf Tveit, il segretario del Consiglio Ecumenico delle Chiese: tre volti del mondo della Riforma con il quale papa Francesco indica strade comuni, pur non ignorando difficoltà e tensioni che devono però essere superate nella gioia dell'annuncio di Cristo al mondo.

Proprio alla "gioia della Buona Novella" è dedicato il quinto capitolo, dove si propone una lettura dell'esortazione apostolica *Evangelii gaudium*; una sua parte è consacrata alla dimensione del dialogo con forme e contenuti che richiamano il Concilio Vaticano II e la sua recezione.

Nel sesto capitolo si prendono in esame le relazioni tra Roma e Costantinopoli; queste vivono oggi una stagione di grande fecondità anche per l'iniziativa del patriarca Bartolomeo, il quale volle essere presente alle celebrazioni per l'inizio del pontificato di papa Francesco, testimoniando così il suo profondo apprezzamento per i primi gesti del Papa nella prospettiva della costruzione dell'unità visibile della Chiesa. Tale rapporto tra Roma e Costantinopoli, che ha portato alla definizione di un momento di preghiera a Gerusalemme del Papa e del Patriarca, ha delle conseguenze nel mondo ortodosso, in particolare nelle relazioni tra Roma e Mosca, alle quali vengono dedicate alcune riflessioni a partire dagli incontri ufficiali tra il Pontefice e i rappresentanti del Patriarcato.

Il settimo capitolo è interamente riservato alla celebrazione della Settimana di preghiera per l'unità dei cristiani del 2014, nel corso della quale papa Francesco ha sottolineato, con forza e più volte, quanto i cristiani debbano lavorare per la rimozione dello scandalo delle divisioni.

Nell'ottavo capitolo vengono presentate una serie di iniziative e di interventi di Bergoglio nei mesi che precedono il pellegrinaggio in Terra Santa.

Infine l'ultima parte è dedicata alla dimensione ecumenica di tale pellegrinaggio; saranno presi in esame la *Dichiarazione comune* di papa Francesco e del patriarca Bartolomeo e il discorso del Pontefice durante la celebrazione ecumenica nel Santo Sepolcro, con la quale si è voluto ricordare solennemente e fraternamente il 50° anniversario dell'incontro tra Paolo VI e Atenagora.

Nota dell'autore

Il volume prende necessariamente in considerazione i gesti e le parole di papa Francesco fino alla chiusura del testo per la stampa, a inizio giugno 2014.

Mi preme ringraziare alcune persone che hanno reso possibile la pubblicazione di questo libro, frutto delle mie ricerche storico-teologiche sulla Chiesa e per la Chiesa.

Innanzitutto Giuseppe Caffulli, direttore delle Edizioni Terra Santa, che ha accolto la mia proposta e mi ha spronato a portarla a compimento. Mio fratello maggiore Renato, anche questa volta, ha seguito il mio lavoro, incoraggiandomi e incalzandomi con quella amorevole sollecitudine che solo lui sa trovare.

Un grazie del tutto speciale va a mons. Luciano Giovannetti, vescovo emerito di Fiesole, presidente della Fondazione Giovanni Paolo II, per il suo sostegno e l'incoraggiamento anche in questa mia ricerca.

A Recife, con Luiz Carlos Luz Marques, professore dell'Università Cattolica del Pernambuco, ho discusso dei contenuti e della struttura del volume quando molto era già definito e in corso d'opera, mentre a Venezia, all'Istituto di Studi Ecumenici, non sono mancate le occasioni per condividere quanto stavo scrivendo, soprattutto con il padre Roberto Giraldo.

Infine queste mie pagine sarebbero rimaste vuote senza l'amore con il quale mia moglie Eleonora e mia figlia Sara Jolanda mi insegnano, ogni giorno, a ringraziare il Signore per tutto quello che ci ha donato, vivendo con gioia il presente.

«UN GRAZIE AL FRATELLO ANDREA...»

I primi incontri ecumenici di papa Francesco

Il 20 marzo 2013, a pochi giorni dalla sua elezione, papa Francesco incontra i rappresentanti delle Chiese, delle comunità ecclesiali e delle altre religioni che avevano preso parte alle cerimonie per l'inizio del suo pontificato: con questo incontro Bergoglio prosegue una tradizione iniziata da Giovanni Paolo II e proseguita con Benedetto XVI[1].

L'incontro del 20 marzo si apre con un discorso del patriarca ecumenico di Costantinopoli Bartolomeo[2], al termine del quale il Papa prende la parola e si rivolge al Patriarca con l'appellativo di «fratello Andrea»[3]. Papa Bergoglio evoca così, fin dalle sue prime

---

[1] Giovanni Paolo II aveva incontrato solo i rappresentanti delle Chiese e delle comunità cristiane, il 22 ottobre 1978 (cfr. GIOVANNI PAOLO II, "Alle Delegazioni di altre Chiese e Organizzazioni cristiane", in ID., *Insegnamenti*, vol. 1 [1978], pp. 44-45). Benedetto XVI tenne invece un incontro con i rappresentanti delle comunità cristiane e di altre religioni, il 25 aprile 2005 (cfr. BENEDETTO XVI, "Ai delegati delle altre Chiese e Comunità ecclesiali e di altre Tradizioni religiose", in ID., *Insegnamenti*, vol. 1 [2005], pp. 27-29).

[2] Il discorso di Bartolomeo può essere letto sulla pagina web del Patriarcato di Costantinopoli: www.patriarchate.org. Dei rapporti ecumenici tra Francesco e Bartolomeo parleremo nel capitolo 6. Tra i numerosi e significativi interventi del Patriarca in campo ecumenico segnalo i recenti BARTHOLOMEOS I, *Incontro al mistero* e ID., *La via del dialogo e della pace*.

[3] PAPA FRANCESCO, *Discorso nell'incontro con i rappresentanti delle Chiese e delle comunità ecclesiali, e di altre religioni*, Città del Vaticano, 20 marzo 2013.

parole, un modello di fraternità apostolica che per lui rappresenta una chiave di lettura privilegiata nei rapporti ecumenici, come renderà chiaro in una serie di incontri. Il suo discorso si articola in tre parti: prima si rivolge ai cristiani, poi agli ebrei e, infine, alle altre religioni, con particolare attenzione per i musulmani.

Papa Francesco dice di aver avvertito intorno a sé, durante le celebrazioni per l'inizio del pontificato, la presenza di un numero così ampio di comunità da sentire «di vivere in maniera ancor più pressante la preghiera per l'unità tra i credenti in Cristo e insieme di vederne in qualche modo prefigurata quella piena realizzazione, che dipende dal piano di Dio e dalla nostra leale collaborazione». Nel rivolgersi ai cristiani il Pontefice ricorda l'Anno delle fede, aperto da Benedetto XVI l'11 ottobre 2012, nel 50° anniversario dell'inizio del Concilio Vaticano II; l'Anno della fede è stato pensato come «una sorta di pellegrinaggio» rivolto a tutti i cristiani perché camminino tutti insieme verso il centro dell'esperienza cristiana di fede, cioè il rapporto con Cristo, che trasforma chi lo accoglie e lo vive nella quotidianità. Il desiderio di annunciare la natura di questo rapporto costituisce «il cuore del messaggio conciliare», che per Bergoglio offre una definizione di cosa la Chiesa Cattolica deve fare per la costruzione dell'unità visibile, in uno spirito di ascolto e di dialogo e con una continua conversione del cuore. Nel ripensamento delle modalità con le quali la Chiesa Cattolica era solita promuovere l'unità dei cristiani, anche alla luce dei passi compiuti nella prima metà del XX secolo, il Vaticano II ha segnato un passaggio fondamentale nel cammino ecumenico (non solo per la Chiesa Cattolica) fin dalla sua apertura, l'11 ottobre 1962. Papa Francesco introduce una citazione dal discorso *Gaudet Mater Ecclesia* pronunciato da Giovanni XXIII proprio all'apertura del Concilio[4].

---

[4] Questo discorso di Giovanni XXIII è stato al centro di molti studi; tra i più recenti: C. Alves, "Para uma hermenêutica apropriada do Vaticano II. O discurso inaugural de João XXIII"; G. Tangorra, "Gaudet Mater Ecclesia".

In quell'occasione Roncalli indicava quale compito prioritario della Chiesa la realizzazione «del grande mistero di quell'unità che Cristo Gesù con ardentissime preghiere ha chiesto al Padre Celeste nell'imminenza del suo sacrificio». Con questa citazione Francesco vuole rendere omaggio alla figura del suo predecessore e al Vaticano II, ma si propone anche di sottolineare che la lettura della Parola di Dio indica a tutti i cristiani come l'unità visibile debba essere perseguita non per motivi politici ma per adeguarsi alla Sacra Scrittura, a ciò che il Signore ha comandato ai suoi apostoli. Proprio per questo i cristiani, attraverso la preghiera, devono chiedere al Signore di vivere «in pienezza quella fede che abbiamo ricevuto in dono nel giorno del nostro Battesimo, e di poterne dare testimonianza libera, gioiosa e coraggiosa». In questo modo potranno veramente farsi servitori della causa dell'unità: «Più saremo fedeli alla sua volontà, nei pensieri, nelle parole e nelle opere, e più cammineremo realmente e sostanzialmente verso l'unità».

Ringraziando anticipatamente il Pontificio Consiglio per la promozione dell'unità dei cristiani[5] per l'aiuto prezioso, che non

---

[5] Il Pontificio Consiglio per la promozione dell'unità dei cristiani fu istituito il 5 giugno 1960 da Giovanni XXIII, con il "motu proprio" *Superno Dei*, con il nome di Segretariato per la promozione dell'unità dei cristiani; nasceva come uno degli organismi della Fase Preparatoria del Vaticano II. Nel corso della I Sessione di quest'ultimo venne equiparato alle Commissioni conciliari; solo con Paolo VI, a Concilio concluso, venne trasformato in un organismo permanente della Curia, conservando il nome di Segretariato. Nella riforma della Curia, operata da Giovanni Paolo II, divenne un Pontificio Consiglio. Dal 1° luglio 2010 è presieduto dal cardinale Kurt Koch (1950-), presbitero dal 1982, nominato vescovo di Basilea nel 1995 e creato cardinale da Benedetto XVI il 20 novembre 2010. Tra gli interventi del cardinal Koch: "Sviluppi ecumenici e nuove sfide", in *Studi Ecumenici*, 29 (2011), pp. 181-206; "Unità: illusione o promessa? Aspetti ecumenici nell'anno della fede", in *Lateranum*, 79 (2013), pp. 401-417; di carattere divulgativo è il più recente "L'ecumenismo è sotto una buona stella. Aspettative della Settimana di preghiera per l'unità dei cristiani", in *L'Osservatore Romano*, 18.01.2014, p. 6.

ha mai fatto mancare nella causa ecumenica, il Papa estende il suo saluto a tutte le comunità cristiane, alle quali domanda «la carità di una speciale preghiera per la mia persona, affinché possa essere un Pastore secondo il cuore di Cristo».

In seconda battuta, Bergoglio si rivolge «ai distinti rappresentanti del popolo ebraico, al quale ci lega uno specialissimo vincolo spirituale» definito nella dichiarazione conciliare *Nostra aetate*[6], la quale invita a proseguire «un fraterno dialogo»; quest'ultimo costituisce per il Papa uno dei frutti del Vaticano II che quindi, nelle sue parole, assume un ruolo fondamentale nell'apertura creatasi tra la Chiesa Cattolica e gli ebrei.

Infine il pensiero ai «cari amici appartenenti ad altre tradizioni religiose», tra i quali un posto speciale è occupato dai musulmani. Per Francesco queste presenze testimoniano la comune volontà di continuare a cercare forme di collaborazione per il bene dell'umanità; la Chiesa Cattolica ritiene fondamentale «la promozione dell'amicizia e del rispetto tra uomini e donne di diverse tradizioni religiose», così come ha fatto, in questi anni, il Pontificio Consiglio per il dialogo interreligioso[7]; il duplice ri-

---

[6] Per una presentazione della dichiarazione *Nostra aetate*, della quale manca ancora una ricostruzione storico-critica dell'iter di redazione, cfr. B. Salvarani, M. Rusconi (a cura di), *La fede degli altri. Introduzione a Nostra aetate e Unitatis redintegratio*. Quanto al rapporto tra il paragrafo sugli ebrei della dichiarazione e il dialogo ebraico-cristiano si vedano gli atti di un convegno tenutosi a Gerusalemme nel 40° anniversario della sua promulgazione: N. Lamdan, A. Melloni (edd.), *Nostra Aetate: Origins, Promulgation, Impact on Jewish Catholic Relations*; cfr. anche M. Moyaert, D. Pollefeyt (edd.), *Never revoked. Nostra Aetate as Ongoing Challenge for Jewish-Christian Dialogue*. Di recente è stata pubblicata una sinossi della dichiarazione, arricchita da un certo numero di interventi fatti in aula conciliare: F.G. Hellin, *Nostra aetate. Declaratio de Ecclesiae habitudine ad religiones non-christianas*. Sulla storia e sulla recezione in Italia del paragrafo sugli ebrei cfr. F. Capretti, *La Chiesa italiana e gli ebrei*.

[7] Il Pontificio Consiglio per il dialogo interreligioso è stato istituito da Paolo VI il 17 maggio 1964, prima della promulgazione della dichiarazione *Nostra aetate*, con il nome di Segretariato per i non-cristiani; ha ricevuto l'at-

chiamo del Papa all'opera di quest'ultimo[8] può sembrare strano, quasi una ripetizione, ma credo che lo si debba leggere come una forma di riconoscimento della bontà della sua opera e al tempo stesso come una conferma della sua esistenza e del suo compito.

Per papa Francesco le religioni devono cooperare ad amare e custodire il creato, ad alleviare le povertà materiali e spirituali dell'uomo, a promuovere la giustizia e la riconciliazione, ma soprattutto a lottare con l'idea che «l'uomo si riduce a ciò che produce e a ciò che consuma: è questa una delle insidie più pericolose per il nostro tempo». Le religioni sono chiamate a scoprire cosa possono fare insieme contro sistemi economici e modelli sociali che tendono a ridurre l'uomo a qualcosa di puramente materialistico. Per il Pontefice la storia recente mostra quante sofferenze abbiano prodotto i tentativi di rimuovere dalla società Dio e il divino; alla luce di questa memoria storica si deve promuovere una comune riflessione tra le religioni sulla loro presenza nel mondo contemporaneo. In tale riflessione le religioni possono cercare anche la collaborazione di coloro che, pur rivendicando la loro non-appartenenza a una tradizione religiosa, cercano valori con i quali affermare la dignità dell'uomo, costruire la pace e custodire il creato, cioè i compiti che per papa Francesco sono primari nel dialogo tra le diverse esperienze di fede.

Fin da questo primo incontro, che possiamo definire ecumenico in virtù dell'ampio spazio dedicato alle comunità cristiane e, per certi versi, alle parole rivolte al popolo ebraico, appaiono alcuni elementi che caratterizzano le parole e i gesti di papa Francesco riguardanti l'unità visibile della Chiesa, come la gio-

---

tuale denominazione da Giovanni Paolo II. Di recente è stata pubblicata una raccolta di Documenti della Santa Sede proprio sul dialogo interreligioso: F. Gioia (a cura di), *Il dialogo interreligioso nell'insegnamento ufficiale della Chiesa cattolica (1963-2013)*. Dal 25 luglio 2007 il Pontificio Consiglio è presieduto dal cardinale Jean-Louis Pierre Tauran (1943-).

[8] La frase di cui sopra è ripetuta due volte in un breve spazio.

ia dell'incontro, la necessità della testimonianza comune, il richiamo alla centralità del Concilio Vaticano II, la dimensione biblica del cammino ecumenico; tra questi elementi un posto particolare va riservato alla responsabilità che il Papa attribuisce alle Chiese che rivendicano un'origine apostolica. Condividere questa origine sembra definire un percorso con il quale si deve arrivare a vivere la fraternità secondo il modello apostolico, descritto nel Nuovo Testamento. Questo aspetto, che emerge fin dal discorso del 20 marzo soprattutto nelle parole rivolte al patriarca Bartolomeo, si configura con sempre maggiore chiarezza nel momento in cui papa Francesco incontra la «Chiesa di Marco» e la «Chiesa di Tommaso».

Il 10 maggio Bergoglio riceve in udienza Sua Santità Tawadros II, papa d'Alessandria e capo della Chiesa Ortodossa Copta d'Egitto[9]: è il primo incontro pubblico del nuovo Pontefice con la guida di una comunità cristiana non cattolica. Nel suo discorso[10] il Papa ricorda il 40° anniversario dell'incontro tra Paolo VI[11]

---

[9] Tawadros II (1952-) abbracciò la vita monastica dopo aver compiuto studi in scienze farmaceutiche, e nel 1989 venne ordinato sacerdote. Consacrato vescovo l'11 giugno 1997, durante la "primavera araba" si è distinto per la sua capacità di dialogare, soprattutto con i più giovani, diventando anche per questo sempre più popolare. Il 18 novembre 2012 è diventato il 118° Papa della Chiesa Copta succedendo a Shenouda III, e ha rilanciato l'impegno della sua Chiesa in campo ecumenico, nel quale si inquadra anche il suo viaggio in Italia. Per una recente presentazione dello stato del dialogo tra Roma e Alessandria, cfr. G. Quicke, "Dialogo ecumenico tra la Chiesa cattolica e la Chiesa ortodossa copta"; per alcune considerazioni in una prospettiva più ampia cfr. Id., "Per una filosofia dell'incontro. Nel dialogo con le Chiese ortodosse orientali".

[10] Papa Francesco, *Discorso a Sua Santità Tawadros II, Papa di Alessandria e Patriarca della Sede di San Marco, Capo della Chiesa Ortodossa Copta d'Egitto*, Città del Vaticano, 10 maggio 2013.

[11] All'ecumenismo di Paolo VI, nel settembre 1998 l'Istituto Paolo VI di Brescia ha dedicato un convegno di studio i cui atti sono stati pubblicati con il titolo *Paolo VI e l'ecumenismo* (Istituto Paolo VI-Edizioni Studium, Brescia-Roma 2001); per due contributi più recenti: A. Maffeis, "Paolo VI e l'ecume-

e Shenouda III[12], che si svolse a Roma dal 5 al 10 maggio 1973, concludendosi con una *Dichiarazione comune*[13]. Esso segnò l'inizio di una nuova stagione nei rapporti tra la Chiesa di Roma e la Chiesa di Alessandria «dopo secoli di reciproca lontananza». Il partire dalla memoria di questo incontro non significa però volgere lo sguardo al passato per sfuggire al presente, ma sottolineare come la visita di Tawadros II sia l'occasione per riaffermare «i legami di amicizia e di fratellanza che già uniscono la Sede di Pietro e la Sede di Marco, erede di un inestimabile lascito di martiri, teologi, santi monaci e fedeli discepoli di Cristo, che per generazioni e generazioni hanno reso testimonianza al Vangelo, spesso in situazioni di grande difficoltà». Si tratta di un passaggio particolarmente importante dal momento che, fin dalle sue prime parole, il Papa pone l'accento sull'importanza che le due Chiese rivendichino un'origine apostolica: ripartire dalla condivisione di questa origine significa aprire una strada privilegiata per la costruzione dell'unità della Chiesa poiché, nonostante le questioni teologiche ancora aperte, il punto di arrivo è la Chiesa

---

nismo"; R. BURIGANA, "*Il desiderio dell'auspicata unione*. Note storico-teologiche sull'ecumenismo in Paolo VI".

[12] Papa Shenouda III (1923-2012), dopo aver compiuto gli studi in storia presso l'università a Il Cairo e successivamente quelli in teologia e di Sacra Scrittura, nel 1954 abbracciò la vita monastica, fino a quando il papa Cirillo VI lo scelse come vescovo responsabile dell'educazione cristiana. Il 14 novembre 1971 venne consacrato 117° Patriarca della Chiesa Copta, assumendo il nome di Shenouda III; durante il suo governo contribuì alla creazione di numerose comunità copte fuori dall'Egitto, soprattutto in Nord America e in Europa; si impegnò nella promozione del dialogo ecumenico non solo con la Chiesa Cattolica ma anche con il Patriarcato Ecumenico di Costantinopoli, con la Chiesa Ortodossa Russa e con alcune comunità evangeliche. Su Shenouda III cfr. J. MASSON, "Décès du pape Shenouda III: bilan d'un règne".

[13] Per gli interventi di Paolo VI e di Shenouda III in occasione di questo incontro cfr. PAOLO VI, *Insegnamenti*, vol. 11 (1973), pp. 399-425; la *Dichiarazione Comune* si trova in traduzione italiana alle pp. 429-432. Per una cronaca dell'incontro cfr. G. CAPRILE, "Visita del Patriarca copto di Alessandria"; A. PALMIERI, "Il giorno dell'amicizia. Cattolici e ortodossi copti dopo il 10 maggio 1973".

descritta nel Nuovo Testamento, in cui si trovano le forme per rimuovere le divisioni.

Papa Francesco si sofferma sulla memoria dell'incontro tra Paolo VI e Shenouda III dal momento che l'incontro fu l'occasione per la redazione di una *Dichiarazione Comune* nella quale si esprimeva quanto le due Chiese condividevano: la professione di fede in Cristo, i sette sacramenti e la devozione a Maria; proprio da quella *Dichiarazione* è iniziato un cammino che ha portato al riconoscimento dell'unico battesimo «di cui è espressione speciale la nostra comune preghiera, la quale anela al giorno in cui, compiendosi il desiderio del Signore, potremo comunicare all'unico calice».

Pur nella consapevolezza che si tratta di un cammino ancora lungo, papa Francesco invita a riflettere su quanti passi sono stati già compiuti, anche grazie agli incontri nei quali si è rinnovata la volontà di approfondire la comunione tra le due Chiese. Tra questi incontri un posto particolare spetta a quello che si è svolto al Cairo tra Shenouda III e Giovanni Paolo II il 25 febbraio 2000[14]. Proprio alla luce di questi passi, il Papa si dice convinto che «con la guida dello Spirito Santo la nostra perseverante preghiera, il nostro dialogo e la volontà di costruire giorno per giorno la comunione nell'amore vicendevole ci consentiranno di porre nuovi e importanti passi verso la piena unità». Intanto si devono evocare i tanti gesti che vanno in questa direzione, dai fraterni rapporti tra Tawadros II con il patriarca Ibrahim Isaac Sidrak[15] e con il

---

[14] Il pellegrinaggio giubilare al Monte Sinai di Giovanni Paolo II, che si era svolto dal 24 al 26 febbraio 2000, aveva compreso anche un incontro ecumenico con il patriarca Shenouda; cfr. Giovanni Paolo II, "Il terzo millennio cristiano sia il millennio della nostra piena unità al Padre, nel Figlio e nello Spirito Santo", Il Cairo, 25 febbraio 2000, in Id., *Insegnamenti*, vol. 23/1 (2000), pp. 260-264.

[15] Ibrahim Isaac Sidrak (1955-) fa parte della Chiesa Copta unita a Roma; ordinato prete il 7 febbraio 1981 e poi vescovo di Minya il 15 novembre 2002, è stato eletto Patriarca di Alessandria il 15 gennaio 2013 e confermato il 18 gennaio. Il 9 dicembre 2013 è stato ricevuto da papa Francesco.

cardinale Antonios Naguib[16] della Chiesa Copta unita a Roma, fino all'istituzione del Consiglio nazionale delle Chiese cristiane d'Egitto[17], che ha segnato una svolta profonda nei rapporti tra cristiani e tra questi e lo Stato egiziano. Si potrebbe attribuire la creazione di questo Consiglio unicamente alle mutate condizioni geopolitiche dell'Egitto, ma si può anche ipotizzare che esso sia il risultato di un cammino di decenni, che ha subito un'accelerazione all'interno di un ripensamento dei rapporti tra cristiani e per la necessità di avere una presenza più efficace nella regione, anche se va riconosciuto che l'infinita transizione egiziana, tra elezioni, colpi militari e manifestazioni di piazza, ha giocato un ruolo importante nella nascita di un fronte unico dei cristiani.

A Tawadros II papa Francesco assicura la preghiera e la vicinanza in quello che il Patriarca sta facendo per la promozione della comunione tra i cristiani in Egitto e per il superamento della crisi politico-sociale del Paese. Francesco cita un passo dalla prima Lettera ai Corinzi (1 Cor 12,26) per esprimere un'idea che gli sta particolarmente a cuore, cioè quale strada vada percorsa per superare le divisioni che costituiscono un ostacolo all'evangelizzazione; i cristiani non possono più accettare come ineluttabili e immutabili le divisioni che hanno frammentato il cristianesimo, dal momento che esse indeboliscono la testimonianza dell'Evangelo, cioè la missione primaria della Chiesa. Per superare le discordie si deve pensare che «la condivisione delle sofferenze quotidiane può divenire strumento efficace di unità», così come il sangue dei martiri

---

[16] Antonios Nuguib (1935-) fa parte della Chiesa Copta unita a Roma; ordinato prete il 30 ottobre 1960 e poi vescovo il 26 luglio 1977, è eletto Patriarca di Alessandria il 30 marzo 2006 e nominato cardinale il 20 novembre 2010; ha lasciato il titolo di Patriarca il 13 gennaio 2013.

[17] Il Consiglio delle Chiese cristiane d'Egitto è stato istituito il 18 febbraio 2013; del Consiglio, presieduto da Tawadros II, fanno parte la Chiesa Copta, la Chiesa Copta Cattolica, la comunità evangelica, la Chiesa Episcopaliana e la Chiesa Greco-Ortodossa d'Egitto.

ha aiutato e sostenuto la Chiesa nel suo cammino di promozione della riconciliazione e di costruzione della pace. Non si
tratta semplicemente di esprimere solidarietà a una comunità che vive in una condizione di precarietà, ma di formulare
un cammino ecumenico alimentato dal sangue dei martiri del
passato – seconda una riflessione che si è venuta sviluppando
soprattutto grazie al contributo della Chiesa Cattolica negli
ultimi anni del XX secolo[18] – e del presente, dal momento
che tante comunità cristiane nel mondo subiscono pressioni e
discriminazioni che fanno scoprire loro la profonda unità della
Chiesa nella sofferenza.

Il 5 settembre 2013 il Papa ha un altro incontro ecumenico
con una Chiesa di origine apostolica: riceve Sua Santità Moran
Baselios Marthoma Paulose II[19], Catholicos dell'Oriente e Metropolita della Chiesa Ortodossa Siro-Malankarese, che fa tappa a Roma durante una visita pastorale alle comunità d'Europa.
Questo incontro avviene in un momento particolare: mancano
due giorni alla giornata di preghiera e di digiuno per la pace in

---

[18] Il tema dell'ecumenismo dei martiri è diventato particolarmente rilevante in occasione della celebrazione del Grande Giubileo del 2000, anche per
il valore attribuito da Giovanni Paolo II, nella prospettiva della costruzione
dell'unità visibile della Chiesa, alla condivisione della memoria dei martiri cristiani del XX secolo; su questo tema, proprio in relazione alla celebrazione del
Giubileo, cfr. A. Riccardi, *Il secolo del martirio. I cristiani nel Novecento*. La
Comunità di Sant'Egidio, della quale Riccardi è fondatore, ha fatto della Basilica di San Bartolomeo sull'Isola Tiberina il luogo di preghiera e di raccolta
della memoria dei martiri cristiani.

[19] Moran Marthoma Paulose II (1946-), ordinato sacerdote il 21 giugno
1973 e poi vescovo il 15 maggio 1985, è stato eletto successore di Moran Mar
Baselios Marthoma Didimo I il 27 novembre 2006 e il 1º novembre 2010
è stato intronizzato quale Catholicos. Marthoma Paulose II è a capo della
Chiesa Ortodossa Siro-Malankarese, che è una delle due comunità nelle quali
è divisa la tradizione malankarese (l'altra comunità è in comunione con il Patriarcato siro-ortodosso d'Antiochia).

Siria, indetta da papa Francesco in una prospettiva che va oltre i confini della Chiesa Cattolica; il Pontefice, infatti, ha invitato anche i cristiani non cattolici, gli appartenenti ad altre religioni e tutti coloro che, pur non riconoscendosi in una tradizione religiosa, dichiarano di avere a cuore la costruzione della pace[20].

Papa Francesco inizia il suo discorso[21] esprimendo la gioia per questo incontro che avviene «presso la tomba dell'Apostolo Pietro»; questo è particolarmente importante tenuto conto che la Chiesa Siro-Malankarese rivendica un'origine apostolica, attribuendo la sua fondazione all'apostolo Tommaso (testimone di Cristo fino al martirio). Per il Papa, proprio in virtù della comune origine apostolica la Chiesa di Roma e la Chiesa Ortodossa Siro-Malankarese devono sentire una responsabilità ancora maggiore; devono infatti vivere una profonda fraternità nell'annunciare l'Evangelo, secondo l'esempio degli apostoli che erano profondamente uniti nella missione della Chiesa. Papa Francesco non nasconde che nella storia questa fraternità non si è sempre realizzata, come dimostrano le divisioni tra i cristiani nel corso dei secoli; negli ultimi anni si è avuto un cambiamento di prospettiva poiché le Chiese hanno riscoperto la ricerca dell'unità alla luce dell'obbedienza dovuta alle parole di Cristo.

L'apostolo Tommaso, secondo quanto è scritto nel vangelo di Giovanni, confessa la divinità di Cristo in una forma secondo la quale appare evidente che egli ha vinto il peccato e la morte con la Resurrezione. Sempre il vangelo di Giovanni indica in Tommaso un testimone della Crocifissione e della Resurrezione. Per papa Francesco le parole del vangelo di Giovanni su Tommaso assumono un valore particolare nel contesto presente; infatti è

---

[20] Sulla giornata di preghiera e di digiuno per la pace torneremo in seguito, al capitolo 3.

[21] PAPA FRANCESCO, *Discorso in occasione dell'udienza a Sua Santità Moran Baselios Marthoma Paulose II Catholicos dell'Oriente e Metropolita della Chiesa Ortodossa Sira Malankarese*, Città del Vaticano, 5 settembre 2013.

proprio nella fede proclamata da Tommaso che i cristiani sco-
prono la loro unità e la spinta a proseguire il dialogo ecumenico,
senza dimenticare le questioni ancora aperte, nella consapevolezza che l'unità che vivono non è sufficiente per condividere la
mensa eucaristica. Nell'Evangelo si trova quindi il fondamento
non solo del cammino ecumenico da compiere ma la chiave per
comprendere come i cristiani già vivono il dono dell'unità, tro-
vando il fondamento nel modello della comunità apostolica così
come viene descritta nel Nuovo Testamento.

Dopo questo passaggio papa Francesco richiama alla memoria la storia, relativamente recente, del dialogo tra le due Chiese; il primo passo è stato compiuto da Giovanni Paolo II e dal
Catholicos Moran Mar Baselios Marthoma Mathews I[22], che
si sono incontrati a Roma il 3 giugno 1983. Questo incontro,
nel corso del quale Giovanni Paolo II ricordò la sua esperienza
al Vaticano II (dove erano presenti anche degli osservatori delegati della Chiesa Siro-Malankarese), si era concluso con una
Dichiarazione comune[23], con la quale si era aperta una nuova stagione nei rapporti ecumenici. A questo incontro ne era seguito
un secondo, l'8 febbraio 1986, a Kottayam, durante il viaggio
apostolico di Giovanni Paolo II in India[24]. In questa occasione
Wojtyła aveva posto l'accento sull'importanza di trovare delle
soluzioni ai problemi pastorali che la Chiesa di Roma e la Chiesa Siro-Malankarese erano chiamate ad affrontare; si trattava
di una priorità alla quale si doveva dare una risposta condivi-

---

[22] Moran Mar Baselios Marthoma Mathews I (1907-1996) venne ordinato presbitero il 27 ottobre 1946; dopo una serie di incarichi nella Chiesa, il
27 ottobre 1975 divenne l'88° Catholicos a salire sulla cattedra di Tommaso,
succedendo a Baselios Mar Ougen. Lasciato l'incarico per motivi di salute
(27 aprile 1991), è scomparso l'8 novembre 1996.

[23] Cfr. Giovanni Paolo II, *Insegnamenti*, vol. 6/1 (1983), pp. 1425-1430.

[24] Giovanni Paolo II compì un viaggio apostolico in India dall'1 al 10 febbraio
1989; cfr. Giovanni Paolo II, "Possa il Signore affrettare il giorno in cui possiamo
celebrare insieme l'eucaristia", in Id., *Insegnamenti*, volume 9/1 (1986), pp. 381-382.

sa, ecumenicamente fondata. Proprio per questo era necessario
progredire «in amore fraterno e nel nostro dialogo teologico» in
modo da realizzare la riconciliazione tra i cristiani e nel mondo,
cioè affrontare insieme, alla luce della tradizione cristiana, un
tema particolarmente sentito in India. In quel frangente, come
in tanti altri, Giovanni Paolo II aveva assicurato l'impegno della
Chiesa Cattolica nella promozione dell'unità della Chiesa, dopo
quanto era stato detto e fatto al Concilio Vaticano II, legando
così la partecipazione attiva al movimento ecumenico al processo di recezione del Vaticano II, che aveva indicato nell'ecumenismo una delle questioni centrali. Da questi primi incontri era
nata la Commissione mista che aveva tenuto una prima sessione
di lavori proprio a Kottayam nell'ottobre 1989, per arrivare alla
redazione di un primo documento sulla cristologia reso pubblico nel giorno di Pentecoste del 1990[25]. La Commissione aveva
poi proseguito i lavori tanto da giungere «a passi significativi su
temi quali l'uso comune di edifici di culto e di cimiteri, la mutua
concessione di risorse spirituali e persino liturgiche in situazioni
pastorali specifiche, e sulla necessità di individuare nuove forme
di collaborazione davanti alle crescenti sfide sociali e religiose».

Per papa Francesco la conoscenza dei passi già compiuti aiuta
a comprendere come sia possibile superare quegli elementi che
configurano una «cultura dello scontro» che è all'origine delle
divisioni. Il recente passato, nel quale tante sono state le occasioni di dialogo, mostra ai cristiani quanto sia importante coltivare
la «cultura dell'incontro» per comprendere le peculiarità delle
singole tradizioni cristiane e promuovere l'unità visibile della
Chiesa. Si tratta di un cammino da compiere con l'aiuto del

---

[25] "Accordo dottrinale cristologico", 3 giugno 1990, in G. Cereti, J. Puglisi (a cura di), *Enchiridion Oecumenicum*, vol. 3, pp. 875-877. Testo originale
in inglese: "Statment of the Joint Commission between the Roman Catholic
Church and the Mankara Orthodox Syrian Church", in *L'Osservatore Romano*,
03.06.1990, p. 5.

Signore, facendo ricorso alla preghiera quotidiana che aiuta a superare le debolezze e le povertà che rallentano l'ecumenismo; proprio la preghiera sostiene la crescita della fraternità tra cristiani, sviluppando rapporti di amicizia e di collaborazione che consentono di giungere a quella riconciliazione e a quella armonia che sono le premesse per superare le divisioni e le rivalità. Il Papa esorta a vivere questa stagione del dialogo ecumenico con profonda fiducia nel futuro quando «con l'aiuto di Dio saremo uniti presso l'altare del sacrificio di Cristo, nella pienezza della comunione eucaristica».

Nei due incontri con Tawadros II e Marthoma Paulose II, si avverte quindi una profonda continuità con quanto papa Francesco aveva detto il 20 marzo 2013, quando aveva incontrato i rappresentanti delle Chiese, del mondo ebraico e delle religioni non cristiane; una continuità che riguarda gli elementi che per Francesco sono fondamentali nell'evidenziare quanto è stato fatto per l'unità visibile della Chiesa, ma soprattutto per quanto i cristiani sono chiamati a fare per approfondire e sviluppare il cammino ecumenico. Nella costruzione del dialogo assume un valore particolare il rapporto con il popolo ebraico. Non è quindi un caso che, prima ancora dell'incontro del 20 marzo, il Papa abbia rivolto un messaggio al rabbino capo di Roma.

Capitolo II

SOLO FRATELLI MAGGIORI?

La Chiesa Cattolica e il popolo ebraico

Il 15 marzo 2013, a poche ore dalla sua elezione, papa Francesco scrive a Riccardo Di Segni, rabbino capo di Roma[1]; è una breve lettera nella quale il Papa saluta il rabbino annunciandogli che la cerimonia di inizio del pontificato è fissata per martedì 19 marzo. Francesco prosegue dicendo di «confidare nella protezione dell'Altissimo» per sviluppare le relazioni tra ebrei e cattolici che vivono una stagione completamente nuova grazie alla celebrazione del Concilio Vaticano II, «in uno spirito di rinnovata collaborazione e al servizio di un mondo che possa essere sempre più in armonia con la volontà del creatore».

Questa lettera, pur nella sua brevità, mostra l'attenzione di Bergoglio per i rapporti tra la Chiesa e il popolo ebraico; non si tratta di uno scritto con il quale pensare a delle relazioni diplomatiche o di "buon vicinato": con queste parole egli manifesta la speranza di poter sviluppare ulteriormente i rapporti che già esistono tra la Chiesa e il mondo ebraico, tra il Vescovo di Roma e la comunità ebraica della città. Sviluppare queste relazioni si-

---

[1] Papa Francesco, *Messaggio al Rabbino Capo di Roma, dott. Riccardo Di Segni*, Città del Vaticano, 15 marzo 2013. Riccardo Di Segni (1949-) ha conseguito il titolo di rabbino presso il Collegio Rabbinico Italiano nel 1973; nel 2001 è diventato rabbino capo della Comunità di Roma, succedendo a Elio Toaff.

gnifica proseguire sulla strada indicata dal Vaticano II per poter, insieme, rendere il mondo sempre più in linea con i desideri del Creatore. Per chi avesse avuto anche una minima conoscenza del cardinale Bergoglio, al momento della sua elezione al soglio pontificio, questa prospettiva, espressa in un linguaggio biblico, profondamente rispettoso delle diversità tra cristiani ed ebrei, non rappresentava certamente una novità; infatti la storia personale dell'arcivescovo di Buenos Aires diceva quante energie egli aveva speso per la costruzione di un dialogo ebraico-cristiano in Argentina, dove convivevano attenzione verso questo tema, in linea con la recezione del Vaticano II, e manifestazioni antisemite, legate anche alla forte emigrazione dall'Europa dopo la seconda guerra mondiale.

Proprio alla sua esperienza argentina papa Francesco fa riferimento quando, il 24 giugno 2013, incontra una delegazione dell'International Jewish Committee on Interreligious Consultations[2]. Nel rivolgersi ai membri di questa delegazione, che chiama «fratelli maggiori»[3], il Papa ricorda che sono quarant'anni che il comitato ha rapporti regolari con la Chiesa Cattolica, attraverso la Commissione per i rapporti religiosi con l'ebraismo[4] presieduta dal cardinale Koch; nei ventuno incontri ufficiali che si sono succeduti in questi anni, per il Papa si è cercato

---

[2] Organismo internazionale che si occupa di mantenere regolari relazioni, tra gli altri, con la Chiesa Cattolica, la Chiesa Ortodossa e il Consiglio Ecumenico delle Chiese, con lo scopo di promuovere progetti e iniziative in ambito interreligioso.

[3] Papa Francesco, *Discorso alla delegazione dell'International Jewish Committee on Interreligious Consultations*, Sala dei Papi, Città del Vaticano, 24 giugno 2013.

[4] La Commissione per i rapporti con l'ebraismo è stata istituita da Paolo VI, il 22 ottobre 1974, dopo una serie di incontri tra membri del Segretariato per l'unità dei cristiani e comunità ebraiche, dai quali era emersa la necessità di creare un organo della Curia incaricato della promozione del dialogo tra cattolici ed ebrei per una migliore recezione di quanto era stato detto e scritto al Concilio Vaticano II.

di «rafforzare la reciproca comprensione e i legami di amicizia tra ebrei e cattolici». Si è venuto consolidando uno spirito di collaborazione con il quale favorire un confronto tra cristiani ed ebrei soprattutto su ciò che, nella scoperta di un patrimonio condiviso di valori spirituali e umani, possono fare insieme nel mondo; proprio questo aspetto è stato al centro dell'ultimo incontro tenutosi a Madrid (13-16 ottobre 2013), dove si è discusso di cosa cristiani ed ebrei possono fare di fronte alle sfide della fede nella società contemporanea.

Per Bergoglio, che pure ha già avuto modo di incontrare varie personalità del mondo ebraico[5], si tratta del primo incontro ufficiale con un'organizzazione ebraica e quindi diventa l'occasione per sottolineare qual è il punto di partenza e la fonte per la Chiesa Cattolica nella costruzione di un dialogo con il popolo ebraico. Francesco cita la dichiarazione *Nostra aetate* che parla dell'eternità dell'alleanza di Dio con il popolo ebraico e la condanna della Chiesa di ogni forma di antisemitismo e di persecuzione: proprio «per le radici comuni» tra cristiani ed ebrei, così come è detto in *Nostra aetate*, nessun cristiano può dirsi antisemita; in questa sua affermazione, il Papa sembra rivolgersi non solo alla Chiesa Cattolica ma a tutti i cristiani, recuperando quindi una dimensione "universale" del Vaticano II, che è stato sì un concilio della Chiesa Cattolica ma aveva l'ambizione di parlare al mondo, a cominciare da coloro che condividevano la centralità di Cristo nella propria vita. La dimensione ecumenica del Vaticano II andava quindi oltre la redazione di uno schema sui principi cattolici dell'ecumenismo e la presenza, pur qualificata e ampia, dei delegati osservatori, configurandosi come l'idea di parlare all'universo cristiano su questioni, come il rapporto con il popolo d'Israele, con le quali confrontarsi sul cammino del dialogo.

---

[5] Poche settimane dopo la sua elezione, il 30 aprile 2013, papa Francesco aveva ricevuto anche il presidente dello Stato d'Israele, Shimon Peres.

Per Francesco, il primo papa del post-concilio a non aver preso parte direttamente al Vaticano II, nella dichiarazione *Nostra aetate* si possono leggere quei «fondamentali principi» che negli ultimi decenni hanno consentito la nascita e lo sviluppo di un dialogo tra cristiani ed ebrei; questo dialogo ha determinato una migliore conoscenza reciproca e ha portato all'elaborazione di una serie di documenti che hanno contribuito a delineare «un percorso di cui dobbiamo sinceramente rendere grazie al Signore».

Gli incontri cui abbiamo accennato sono solo una parte del più vasto e articolato universo dei rapporti ebraico-cristiani, dei quali lo stesso Pontefice si dice testimone diretto. Egli non manca di ricordare la propria esperienza di dialogo e di amicizia con ebrei con i quali «abbiamo conversato spesso circa la nostra rispettiva identità religiosa, l'immagine dell'uomo contenuta nelle Scritture, le modalità per tenere vivo il senso di Dio in un mondo per molti tratti secolarizzato». Il dialogo ha anche affrontato le sfide poste dalla società contemporanea; in questo modo si è sviluppato un rapporto fraterno nell'incontro e nell'accoglienza che «ci ha aiutato a crescere come uomini e come credenti». Per il Papa questa sua esperienza, sulla quale torneremo tra poco, va letta insieme a tante altre dello stesso genere che avvengono in molte parti del mondo, e che vanno proseguite: in questo l'International Jewish Committee on Interreligious Consultations deve giocare un ruolo fondamentale, continuando l'opera di collaborazione fraterna con la Chiesa. Proprio nella prospettiva di sviluppare ancora di più quanto è stato fatto finora, il Pontefice formula la preghiera che si trovino delle forme per coinvolgere anche le generazioni più giovani. Il presente ha bisogno della comune testimonianza di cristiani ed ebrei «in favore del rispetto della dignità dell'uomo e della donna creati a immagine e somiglianza di Dio, e in favore della pace che, primariamente, è un dono suo». Dopo aver citato un passo dal profeta Geremia (Ger 29,11) che mostra come i credenti debbano vivere nella speranza per un futuro migliore, Francesco conclude questo suo intervento con l'invocazione alla pace e con la richiesta di una preghiera per il suo ministero, assicurando la propria per la comunità ebraica: con queste parole desidera ancora una volta sottolineare da una parte quanto i credenti possono e devono fare per la costruzione della pace e dall'altra quanto sia fondamentale pregare, affidando ogni cosa nelle mani di Dio.

L'11 ottobre 2013 papa Francesco riceve una delegazione della comunità ebraica di Roma: dichiara di sentirsi particolarmente vicino agli ebrei di Roma per la storia della loro presenza in città, che risale a un tempo precedente alla comparsa delle prime comunità cristiane[6]. Da secoli, cristiani ed ebrei condividono la vita quotidiana nella Città eterna, in una storia che «è stata spesso attraversata da incomprensioni e anche da autentiche ingiustizie. È una storia, però, che, con l'aiuto di Dio, ha conosciuto ormai da molti decenni lo sviluppo di rapporti amichevoli e fraterni». Il riferimento al passato è quindi funzionale, anche in questo caso, a mostrare quanto è stato fatto in una direzione nuova, quella dell'ascolto e del dialogo che ha condotto alla nascita di una nuova stagione di rapporti. Quest'ultima deve molto alla celebrazione del Vaticano II, ma anche alle tante relazioni umane che hanno consentito di creare rinnovate prospettive di dialogo, superando ostilità e pregiudizi. Per certi versi la tragica esperienza della seconda guerra mondiale ha insegnato a cristiani ed ebrei quanto importante fosse il dialogo, attraverso il quale esprimere una ferma e definitiva condanna di qualunque forma di intolleranza e di antisemitismo. Per il Papa «è una contraddizione che un cristiano sia antisemita. Un po' le sue radici sono ebree. Un cristiano non può essere antisemita! L'antisemitismo sia bandito dal cuore e dalla vita di ogni uomo e di ogni donna!». Va però oltre il semplice ribadire la posizione della Chiesa Cattolica così come si è venuta configurando negli ultimi decenni,

---

[6] PAPA FRANCESCO, *Discorso alla delegazione della Comunità ebraica di Roma*, Città del Vaticano, 11 ottobre 2013.

dal momento che, proprio la presenza della comunità di Roma, gli consente di intervenire su una questione al centro di un annoso dibattito, cioè il ruolo della Chiesa e, in particolare, di Pio XII nella stagione della persecuzione nazista.

Per papa Francesco l'anniversario della deportazione degli ebrei di Roma da parte dei nazisti è un'opportunità da non perdere per ricordare quanti, «nell'ora delle tenebre», vollero e seppero aprire le loro case per accogliere gli ebrei perseguitati; la conoscenza storica ci dice che fecero questo «interpretando la volontà del Papa»: si tratta di un passaggio particolarmente significativo, dal momento che tocca una questione sulla quale si è sviluppato un ampio dibattitto, che negli ultimi anni si è arricchito di nuove ricerche e di nuove memorie. Si è andato configurando un coinvolgimento delle comunità cristiane in Italia, nell'opera di salvataggio degli ebrei, più ampia e più articolata di quanto si pensasse: proprio le dimensioni di questo coinvolgimento, soprattutto a Roma, hanno posto nuovamente la questione del ruolo di papa Pacelli[7].

In quei giorni di persecuzione, comunità religiose, basiliche vaticane e tanti singoli cristiani fecero ciò che in quel momento era per loro la cosa giusta, cioè «proteggere il fratello, che era in pericolo». I cristiani hanno soccorso coloro che cercavano rifugio, ma deve essere chiaro che questa mobilitazione non presupponeva un processo di rilettura dei rapporti con l'ebraismo né si fondava su una conoscenza approfondita delle sue tradizioni.

---

[7] In queste parole di papa Francesco si coglie la volontà di riaffermare il giudizio positivo su quanto fatto da Pio XII nel tentativo di salvare il maggior numero di ebrei dalla persecuzione nazista. Senza voler entrare nella questione dei cosiddetti "silenzi di Pio XII", rinvio a un recente studio sull'argomento: M. GUITTAT-NAUDIN, "Les silences de Pie XII entre mémoire et oubli 1944-1958". Sulla mobilitazione della Chiesa Cattolica a Roma durante l'occupazione nazista cfr. A. RICCARDI, *L'inverno più lungo. 1943–44: Pio XII, gli ebrei, i nazisti a Roma*; A. FOA, *Portico d'Ottavia 13. Una casa del ghetto nel lungo inverno del '43*.

Per il Papa è importante sottolineare questo aspetto perché anche nelle relazioni ebraico-cristiane va sempre tenuto a mente che esiste un dialogo della vita quotidiana che è rilevante quanto quello teologico, anzi di più, dal momento che «senza una vera e concreta cultura dell'incontro, che porta a relazioni autentiche, senza pregiudizi e sospetti, a poco servirebbe l'impegno in campo intellettuale». Anche in questo caso, come in tanti altri, per papa Bergoglio si deve riconoscere che i cristiani hanno un «proprio fiuto» grazie al quale si trovano a percorrere delle strade sconosciute fino a quel momento, ritenute forse pericolose e inopportune, strade che sono indicate dal Signore per sviluppare amicizia, vicinanza e fraternità.

Il Papa esprime la speranza di poter costruire rapporti amicali con la comunità ebraica di Roma così come era accaduto in Argentina: per lui il dialogo con la comunità ebraica a Buenos Aires è stata una «grazia», facendo esplicito riferimento alla sua amicizia con il rabbino Abraham Skorka[8]; questa amicizia è all'origine di un volume[9] che è diventato un best-seller al momento dell'elezione del cardinale Bergoglio, una fonte privilegiata per comprendere orientamenti e speranze del Papa nel dialogo ebraico-cristiano.

Tra i temi che possono aiutare la costruzione di un'amicizia tra cristiani ed ebrei va ricordata la lettura del Decalogo, che è

---

[8] Abraham Skorka (1950-), rabbino, è rettore del Seminario rabbinico latinoamericano e professore di diritto ebraico a Buenos Aires. Nel 2010 ha ricevuto la laurea *honoris causa* dall'Università Cattolica Argentina. Oltre che per le sue competenze, proprio per la sua amicizia con papa Bergoglio è stato invitato a tenere una conferenza, il 16 gennaio 2014, a Roma alla Pontificia Università Gregoriana, sul tema: "Il dialogo ebraico-cattolico a cinquant'anni da *Nostra aetate*. Una prospettiva latino-americana"; durante questo suo soggiorno romano è stato ricevuto da papa Francesco, che ha accompagnato anche nel suo pellegrinaggio in Terra Santa.

[9] J. Bergoglio, A. Skorka, *Il cielo e la terra. Il pensiero di Papa Francesco sulla famiglia, la fede e la missione della Chiesa nel XXI secolo*; l'edizione originale, in spagnolo, è stata edita a Buenos Aires nel 2010.

«solido fondamento e sorgente di vita anche per la nostra società, così disorientata da un pluralismo estremo delle scelte e
degli orientamenti, e segnata da un relativismo che porta a non
avere più punti di riferimento solidi e sicuri». L'indicazione del
Decalogo rientra in una tradizione cristiana, anche se in questo
caso si deve notare che è evidente il legame tra le parole di papa
Francesco e quanto aveva espresso Benedetto XVI durante la
sua visita alla sinagoga di Roma il 17 gennaio 2010[10].

L'incontro con la comunità ebraica romana, però, non è solo
l'occasione per rivedere alcune persone con le quali Francesco
si era già intrattenuto il 20 marzo – come egli stesso accenna
mostrando così quanto egli tenga ai rapporti interpersonali –,
ma anche per consegnare alla comunità stessa un messaggio[11]
per il 70° anniversario della deportazione degli ebrei di Roma
(11 ottobre 1943). In esso il Papa manifesta la vicinanza in un
momento nel quale si fa memoria di un evento tanto tragico
per il quale «è nostro dovere tenere presente davanti ai nostri occhi il destino di quei deportati, percepire la loro paura,
il loro dolore, la loro disperazione, per non dimenticarli, per
mantenerli vivi, nel nostro ricordo e nella nostra preghiera,
assieme alle loro famiglie, ai loro parenti e amici, che ne hanno pianto la perdita e sono rimasti sgomenti di fronte alla
barbarie a cui può giungere l'essere umano». Non si tratta solo
di ricordare il passato ma di far vivere il passato nel presente in modo che una tragedia simile non possa mai più ripe-

---

[10] Benedetto XVI, "Discorso alla Sinagoga di Roma", 17 gennaio 2010,
in Id., *Insegnamenti*, volume 6/1 (2010), pp. 5-6. Alcune interessanti considerazioni, soprattutto per il confronto con Giovanni Paolo II, sul rapporto
tra papa Ratzinger e gli ebrei si trovano in A. Gregerman, "Interpreting
the Pain of Others: John Paul II and Benedict XVI on Jewish Suffering in
the Shoah".

[11] Papa Francesco, *Messaggio per il 70° Anniversario della deportazione degli
ebrei di Roma (16 ottobre 1943-16 ottobre 2013)*, Città del Vaticano, 11 ottobre
2013.

tersi, così come ebbero già modo di dire i suoi predecessori. Giovanni Paolo II ne ha scritto presentando il documento *Noi ricordiamo. Una riflessione sulla Shoah* della Commissione pontificia per i rapporti religiosi con l'ebraismo (16 marzo 1998)[12]; Benedetto XVI ne ha parlato in occasione della sua visita al campo di concentramento di Auschwitz, il 28 maggio 2006[13]. Si tratta di due citazioni, tra le molte che si potevano fare tenuto conto dell'importanza attribuita a questo tema dai papi dopo il Vaticano II, che rimandano a due questioni, il contenuto di *Noi ricordiamo* e la presenza di un Papa tedesco ad Auschwitz, sulle quali c'è stato un ampio dibattito che ha finito per coinvolgere proprio il rapporto tra la Chiesa e il popolo ebraico.

Per papa Francesco le cerimonie con le quali fare memoria della deportazione degli ebrei vanno oltre la dimensione del ricordo, diventano momenti nei quali rinnovare la condanna di ogni forma di antisemitismo e di razzismo; egli auspica che «da iniziative come questa possano intrecciarsi e alimentarsi reti di amicizia e di fraternità tra ebrei e cattolici in questa nostra amata città di Roma», indicando così la necessità di mantenere vivo quel dialogo nella quotidianità che egli ritiene fondamentale nella missione della Chiesa. Infine, conclude il suo messaggio citando nuovamente Geremia (29,11): da una parte è un modo per riaffermare la centralità della condivisione delle Sacre Scritture tra cristiani ed ebrei, pur con accenti diversi nella lettura e nell'interpretazione; dall'altra è invece il modo di sottolineare come cristiani ed ebrei, proprio leggendo le Scritture, devono vivere la speranza di un futuro di pace, come è appunto scritto nel passo biblico.

---

[12] GIOVANNI PAOLO II, "Un'indelebile macchia nella storia del secolo che si sta concludendo", in ID., *Insegnamenti*, vol. 21/1 (1998), pp. 521-522.

[13] BENEDETTO XVI, "Dovevo venire", in ID., *Insegnamenti*, vol. 2/1 (2006), pp. 724-729.

Pochi giorni dopo, il 24 ottobre, papa Francesco riceve una delegazione del Centro Simon Wiesenthal[14]. Nel suo discorso[15] ricorda che si tratta di un incontro che era stato chiesto dal Centro a Benedetto XVI per proseguire un dialogo che sta particolarmente a cuore a ebrei e cristiani, tanto più in un tempo dove sembrano riemergere forme di antisemitismo. Papa Francesco dice di apprezzare l'opera del Centro «di combattere ogni forma di razzismo, intolleranza e antisemitismo, preservando la memoria della Shoah e promuovendo la comprensione reciproca mediante la formazione e l'impegno sociale». Per il Papa non si deve aver paura nel ripetere la condanna di ogni forma di antisemitismo, anche se questo non è sufficiente per costruire un dialogo tra ebrei e cristiani: si deve andare, infatti, oltre la ferma presa di posizione contro ogni forma di persecuzione. Proprio il dialogo con gli ebrei deve aiutare i cristiani a comprendere quanto sia importante difendere una minoranza, tutte le volte che questa sia sottoposta a una persecuzione religiosa o etnica; questo riguarda anche tanti cristiani che sono perseguitati o discriminati, in alcuni paesi, proprio a ragione della loro appartenenza alla Chiesa.

Il papa esorta quindi cristiani ed ebrei a unire le forze «per favorire una cultura dell'incontro, del rispetto, della comprensione e del perdono reciproci». Nel costruire la cultura dell'incontro e del dialogo si deve prestare particolare attenzione alla formazione, che non si deve limitare alla trasmissione di conoscenze sulla storia del dialogo, dalle difficoltà passate alle iniziative presenti,

---

[14] Il Centro Simon Wiesenthal ha sede a Los Angeles; fu fondato nel 1977 in onore di Simon Wiesenthal, che aveva speso gran parte della sua vita nel tentativo di assicurare alla giustizia i criminali nazisti. Il Centro è un'organizzazione ebraica internazionale impegnata nella promozione dei diritti umani e nella lotta contro ogni forma di antisemitismo attraverso una serie di progetti in tutto il mondo.

[15] Papa Francesco, *Discorso alla delegazione del Simon Wiesenthal Center*, Sala Clementina, Città del Vaticano, 24 ottobre 2013.

ma deve essere una condivisione di esperienze quotidiane, che tanto arricchiscono la vita dei singoli e delle comunità. Perciò, anche in questo caso, il Pontefice rivolge un pressante invito a «trasmettere ai giovani il valore dello sforzo comune per rifiutare muri e costruire ponti tra le nostre culture e tradizioni di fede»: il dialogo tra cristiani ed ebrei deve proseguire con fiducia, coraggio e speranza.

Proprio l'attenzione alla trasmissione della memoria della persecuzione degli ebrei e alla conoscenza di quanto è stato fatto negli ultimi decenni indica quanto sia importante per il Papa coinvolgere i giovani in questa dimensione, tanto più che cristiani ed ebrei devono trovare forme di collaborazione per giocare un ruolo nuovo nel mondo, soprattutto nel contribuire alla costruzione della pace. Sulla costruzione della pace, papa Francesco pensa a un'azione ecumenica, con la partecipazione di tutti i cristiani, per riscoprire cosa il Signore chiede alla sua Chiesa, aperta anche al dialogo con le altre religioni e con tutti gli uomini di buona volontà su un tema tanto importante per il presente e il futuro del mondo.

Capitolo III

I CRISTIANI E LA PACE

Parole e gesti ecumenici per la pace

Il 1° settembre 2013 papa Francesco indice una giornata di preghiera e di digiuno per la pace in Siria, da celebrarsi il giorno 7; fa questo annuncio prima della preghiera dell'Angelus, dopo una serie di interventi pubblici in favore della ricerca di una soluzione al conflitto e della costruzione della pace in Medio Oriente[1]. L'idea della giornata nasce dal suo desiderio di farsi «interprete del grido che sale da ogni parte della terra, da ogni popolo, dal cuore di ognuno, dall'unica grande famiglia che è l'umanità, con angoscia crescente: è il grido della pace!». Si tratta di un grido diffuso, a ogni livello, con il quale uomini e donne del mondo vogliono esprimere il desiderio di vivere la pace contro la guerra, contro ogni forma di volenza; la pace è un dono che deve essere promosso e sostenuto, in ogni luogo, in ogni modo. Papa Francesco dichiara di vivere «con particolare sofferenza e preoccupazione le tante situazioni di conflitto», tra le quali le vicende della Siria hanno provocato e provocano in lui un'angoscia profonda. Proprio per questo rivolge un appello per la riconciliazione, nel quale c'è anche il rifiuto a qualunque opzione militare poiché «non è mai l'uso della violenza che porta alla pace. Guerra chiama guerra, violenza chiama violenza!». Bergoglio indica così una strada per la pace da costruire tutti insieme, con il contributo fondamentale dei cristiani, guidati in

---

[1] Papa Francesco, *Angelus*, Piazza San Pietro, 1° settembre 2013.

questo dalla Parola di Dio, una strada che rifiuta l'intervento militare, auspicato invece da molti come l'unico modo per far cessare il conflitto.

Il Papa si rivolge a tutti, da coloro che sono materialmente coinvolti nello scontro alle organizzazioni internazionali, esortandoli a trovare una soluzione; al tempo stesso è necessario assicurare assistenza umanitaria anche a coloro che sono stati costretti a lasciare la Siria e vivono la condizione di profughi, in una totale incertezza del presente e del futuro. Francesco però non rivolge solo un appello internazionale, ma si chiede: cosa possono fare i cristiani per la costruzione della pace? E lo fa citando le parole di Giovanni XXIII nell'enciclica *Pacem in terris*[2]. Proprio da questa, Bergoglio trae l'idea che si debba creare una catena di uomini e donne di buona volontà che lavori a questo grande obiettivo: il pressante appello è così rivolto alla Chiesa Cattolica ma anche a tutti i cristiani, alle altre religioni, a quei fratelli e sorelle che non credono in Dio ma hanno a cuore il valore della pace. A costoro il Pontefice lascia, ovviamente, la piena libertà di partecipare alla giornata «nel modo che riterranno più opportuno». La pace è un bene per il quale è necessario il contributo di tutti; per questo ci deve essere uno sforzo condiviso per promuovere la cultura dell'incontro e del dialogo, «unica strada per la pace».

Si ha quindi un appello che non è ecumenico, cioè rivolto solo ai cristiani, ma che va ben oltre i confini del cristianesimo, rivendicando la necessità del coinvolgimento di tutta l'umanità. Certo, questo appello lascia capire quanto comunque sia importante per papa Francesco un'azione ecumenica, azione che si fondi sulla lettura della Parola di Dio che rifiuta la violenza e

---

[2] Cfr. Giovanni XXIII, *Pacem in terris*, in E. Lora, R. Simionati (a cura di), *Enchiridion delle Encicliche*, pp. 380-469. Per una recente presentazione della *Pacem in terris*, cfr. A. Melloni, *Pacem in terris. Storia dell'ultima enciclica di Papa Giovanni*. Solo per dare un'idea delle molteplici ricadute e della vasta circolazione dell'enciclica, cfr. G. La Pira, *Il manifesto del mondo nuovo. Commento all'enciclica Pacem in terris di Papa Giovanni XXIII*.

invoca la pace: si tratta quindi di obbedire a quanto il Signore chiede al suo popolo. Perciò il Papa insiste sul fatto che, accanto alla celebrazione in Piazza San Pietro, dalle 7 di sera a mezzanotte, le comunità locali vivano questa giornata di preghiera, accompagnandola da momenti liturgici al fine di mostrare al mondo come i cristiani compiano gesti di pace per alimentare speranze di pace.

Infine, l'invocazione a Maria: la sua figura, soprattutto secondo la tradizione neotestamentaria, diventa così un modello per trovare la forza di rispondere alla violenza con il dialogo, la riconciliazione e l'amore, soprattutto in un momento così difficile.

Il desiderio di trovare una soluzione che ponga fine ai conflitti in Siria è una delle priorità di papa Francesco il quale, fin dalle prime settimane del suo pontificato, si è mosso in molte direzioni per ottenere risultati concreti senza far ricorso alla forza, anche quando questa viene evocata come necessaria.

Tra i numerosi interventi del Santo Padre si può ricordare quello del 3 maggio 2013 in occasione dell'udienza concessa a Michel Sleiman, presidente della Repubblica del Libano[3]; in essa emerge l'importanza del dialogo e della collaborazione tra le diverse componenti religiose ed etniche presenti in Libano proprio per il superamento delle tensioni e per la costruzione di un pace duratura, fondata sui valori che non la mettano in pericolo nell'immediato. Alla luce del conflitto in Siria, delle difficoltà nel processo di pace tra Israele e la Palestina e dell'instabilità della regione, papa Francesco ricorda al presidente libanese che i cristiani sono chiamati a svolgere un ruolo importante nella costruzione della pace nell'area, anche se non va dimenticata la precaria situazione nella quale le stesse comunità cristiane si trovano a vivere, soprattutto negli ultimi anni, che li hanno visti calare drasticamente di numero.

---

[3] Michel Sleiman (1948-), cristiano maronita, Capo di Stato maggiore dell'esercito, è stato eletto Presidente della Repubblica del Libano nel 2008.

L'iniziativa di papa Francesco relativa alla giornata di preghiera raccoglie un vasto consenso, anche al di fuori della Chiesa Cattolica. In ambito ecumenico, numerose sono le dichiarazioni di organizzazioni ecumeniche, di Chiese e comunità ecclesiali, di pastori e teologi che affermano non solo di apprezzare quanto il Pontefice sta facendo per la pace, ma anche di essere pronti a prendere parte alla giornata; vedono infatti in questa iniziativa un importante passo sulla strada di una testimonianza sempre più efficace dell'Evangelo e quindi un passo in avanti nel cammino verso l'unità visibile della Chiesa. Anche esponenti delle altre religioni, così come persone che si dichiarano estranee a qualsiasi dimensione di fede, esprimono un giudizio favorevole all'iniziativa, tanto da dichiarare, in alcuni casi, la loro intenzione a prendervi parte, anche a livello locale.

Il 7 settembre il Santo Padre rivolge poche parole alle migliaia di persone che si sono riunite in Piazza San Pietro e in tanti altri luoghi del mondo; inizia la sua riflessione[4] con una citazione dal primo capitolo della Genesi (1,12.18.21.25) per sottolineare come Dio contempli quanto ha fatto, rafforzando così un rapporto di intimità tra Dio e l'umanità. Si interroga sul significato che queste parole bibliche possano avere per l'uomo e la donna del XXI secolo. Dal racconto della creazione emerge che il mondo è «la casa dell'armonia e della pace» nella quale l'umanità ha una sua profonda unità che dipende dall'essere stata creata tutta a immagine e somiglianza di Dio; l'umanità deve vivere in una dimensione di fraternità che non può essere solo enunciata ma deve essere testimoniata nella quotidianità, secondo il modello dell'amore di Dio per l'intera creazione. Per papa Francesco «il mondo di Dio è un mondo in cui ognuno si sente responsabile dell'altro, del bene dell'altro»: questa giornata di riflessione, di

---

[4] PAPA FRANCESCO, *Veglia di preghiera per la pace*, sagrato della Basilica di San Pietro, 7 settembre 2013.

preghiera e di digiuno deve essere quindi un tempo privilegiato per pensare a quale mondo si desidera alla luce di quanto Dio ha pensato per il bene dell'umanità. Si deve costruire «un mondo di armonia e di pace, in noi stessi, nei rapporti con gli altri, nelle famiglie, nelle città, nelle e tra le nazioni... E la vera libertà nella scelta delle strade da percorrere in questo mondo non è forse solo quella orientata al bene di tutti e guidata dall'amore?».

Detto ciò, esiste una corrispondenza tra il mondo desiderato e quello del XXI secolo, dove la bellezza della creazione rimane, ma deve convivere con la violenza, la divisione, la guerra che sono il prodotto dell'egoismo dell'uomo? Il racconto del peccato originale nella Genesi aiuta a comprendere la condizione dell'uomo che pone al centro della propria vita gli interessi personali e la ricerca del potere. Allora, proprio come è scritto nel capitolo 3 della Genesi, l'uomo «apre la porta alla violenza, all'indifferenza, al conflitto». Per il Papa è questo il momento nel quale si passa dall'armonia alla disarmonia, al caos nel quale precipita l'essere umano e dal quale Dio vuole trarlo ponendogli una domanda, così come fa a Caino quando gli chiede dove è Abele, ricevendo invece in risposta un altro quesito. L'uomo del XXI secolo deve farsi custode del proprio «fratello» mettendo così fine a quella spirale di violenza che provoca la rottura dell'armonia voluta da Dio, quando «il fratello da custodire e da amare diventa l'avversario da combattere, da sopprimere». Fin dall'inizio, così come si legge nella Genesi, la storia dell'uomo è stata segnata dalla violenza, che ha generato conflitti e guerre per secoli e fino ad oggi, quando «abbiamo perfezionato le nostre armi, la nostra coscienza si è addormentata, abbiamo reso più sottili le nostre ragioni per giustificarci. Come se fosse una cosa normale, continuiamo a seminare distruzione, dolore, morte! La violenza, la guerra portano solo morte, parlano di morte!». La storia della Salvezza, così come è narrata dalla Scrittura, presenta anche l'episodio del Diluvio universale che si conclude con l'arcobaleno e la colomba che torna indietro con un ramo di ulivo, segno di pace e di armonia dopo l'intervento di Dio. Papa

Bergoglio ricorda allora una pagina della sua vita da arcivescovo, quando lui e i rappresentanti delle religioni presenti in Argentina piantarono un ulivo «a Buenos Aires, in Plaza de Mayo, nel 2000, chiedendo che non ci sia più il caos, chiedendo che non ci sia più guerra, chiedendo pace».

Partendo dall'idea che si tratti di un processo possibile, voluto da tutti, «dal più piccolo al più grande, fino a coloro che sono chiamati a governare le Nazioni», come si può allora costruire la pace? Per Francesco la costruzione della pace passa attraverso gesti concreti: si deve volgere lo sguardo alla croce che mostra la strada scelta da Cristo, che alla violenza non ha risposto con la violenza ma con l'amore. Volgere lo sguardo alla croce è quindi la strada che devono percorrere «i cristiani e i fratelli delle altre Religioni, ogni uomo e donna di buona volontà». Si deve uscire dal proprio egoismo, ragione ultima della guerra e della morte.

A questo punto il Pontefice cita due volte Paolo VI. La prima rimanda all'intervento di Montini all'Assemblea Generale delle Nazioni Unite, a New York, il 4 ottobre 1965. Il Vaticano II era ancora aperto e nell'aula conciliare si stava discutendo proprio di guerra e di pace: le parole del Papa avevano quindi un valore non solo per il luogo dove venivano pronunciate, cioè l'Assemblea delle Nazioni Unite (che ospitava per la prima volta un Pontefice), ma anche per le ricadute che avrebbero potuto avere, come in effetti ebbero, sui lavori conciliari[5]. La seconda citazione proviene dal messaggio di Paolo VI del 1976 per la Giornata Mondiale della pace (istituita proprio da lui l'8 dicembre 1967), che in quell'anno affrontava il tema dei mezzi con i quali costruire la pace[6]. I due interventi di Paolo VI vengono citati da Bergoglio per indicare la radicalità della scelta dei cristiani per la

[5] Paolo VI, "Allocuzione ai rappresentanti degli Stati", in Id., *Insegnamenti*, vol. 3 (1965), pp. 507-516.

[6] Paolo VI, "Nulla sia lasciato di intentato per comporre i dissidi, per promuovere il progresso umano e sociale", in Id., *Insegnamenti*, vol. 14 (1976), pp. 5-7.

pace e contro la guerra in nome della fedeltà alla Parola di Dio. «Perdono, dialogo, riconciliazione sono le parole della pace»: con questo appello papa Francesco conclude la sua riflessione, rivolgendo un ultimo pensiero alla Siria e al Medio Oriente.

La dimensione ecumenica e, per molti versi, interreligiosa della costruzione della pace non si esaurisce nella giornata del 7 settembre, ma viene ripresa più volte da Francesco. Tra i suoi numerosi interventi due vanno segnalati più di altri per il contenuto e per le circostanze.

Il primo è il discorso[7] pronunciato di fronte ai partecipanti all'incontro sul tema "Il coraggio della speranza" promosso a Roma dalla Comunità di Sant'Egidio, dal 29 settembre al 1° ottobre 2013; si tratta dell'appuntamento che, dal 1987, la Comunità organizza ogni anno in una città diversa secondo "lo spirito di Assisi", per mantenere viva la prospettiva che era stata delineata da Giovanni Paolo II con la convocazione dell'incontro interreligioso di Assisi, il 27 ottobre 1986[8]. In questo discorso papa Francesco esprime la gioia di avere la possibilità di incontrare coloro che prendono parte a un convegno che nasce dall'intuizione di Giovanni Paolo II di convocare le religioni per «conservare accesa la lampada della speranza, pregando e lavorando per la pace». Ad Assisi i rappresentanti delle religioni si trovarono gli uni accanto agli altri e la loro presenza

---

[7] Papa Francesco, *Discorso ai partecipanti all'incontro internazionale per la pace promosso dalla comunità di Sant'Egidio*, Sala Clementina, 30 settembre 2013.

[8] Cfr. Giovanni Paolo II, "Ai rappresentanti convenuti in Assisi per la giornata mondiale di preghiera per la pace", in Id., *Insegnamenti*, vol. 9/2 (1986), pp. 1249-1253; nella folta letteratura su questo incontro e sulle sue ricadute nel dialogo interreligioso, segnalo un contributo pensato in occasione del 25° anniversario: T. Vetrali, "Assisi 1986: un'esperienza di pace e di dialogo di pellegrini credenti". Sugli incontri internazionali della Comunità di Sant'Egidio e sullo "spirito di Assisi" cfr. Comunità di Sant'Egidio, *Lo spirito di Assisi: dalle religioni una speranza di pace*.

assunse un significato particolare che andava al di là della dimensione puramente religiosa, considerate le tensioni e le divisioni che caratterizzavano il mondo del 1986, ancora diviso in blocchi contrapposti. Proprio alle religioni Wojtyła chiedeva un impegno concreto per promuovere la pace attraverso la cultura dell'incontro e del dialogo: da questa intuizione nasceva quello "spirito di Assisi" che avrebbe aperto nuovi orizzonti al dialogo interreligioso. Secondo papa Francesco, alla Comunità di Sant'Egidio va riconosciuto il merito di aver mantenuto in vita proprio quest'intuizione, con tenacia e in molti modi. Per Bergoglio non ci si può rassegnare alla guerra, alla morte, ma si deve lottare per la pace proprio alla luce dell'incontro del 1986; in questa direzione si colloca anche l'intervento di Benedetto XVI nel 2011, quando ha voluto celebrare il 25° anniversario di quella storica giornata[9].

Nella costruzione della pace, afferma Francesco, i responsabili delle religioni possono fare molto: «Pregare per la pace, lavorare per la pace!»; devono avere il coraggio del dialogo che genera speranza. Per questo il dialogo deve essere «tenace, paziente, forte, intelligente, per il quale niente è perduto», nella prospettiva di trovare forme per avvicinarsi coinvolgendo ogni uomo e ogni donna. Il dialogo è la chiave per la rimozione delle ingiustizie e delle discriminazioni: «I leader religiosi siano chiamati ad essere veri "dialoganti", ad agire nella costruzione della pace non come intermediari, ma come autentici mediatori. Gli intermediari cercano di fare sconti a tutte le parti, al fine di ottenere un guadagno per sé. Il mediatore, invece, è colui che non trattiene nulla per sé, ma si spende generosamente, fino a consumarsi, sapendo che l'unico guadagno è quello della pace. Ciascuno di noi è chiamato ad essere un artigiano della pace, unendo e non

---

[9] Cfr. Benedetto XVI, "Giornata di riflessione, dialogo e preghiera per la pace e per la giustizia nel mondo 'Pellegrini della verità, pellegrini della pace' ad Assisi", in Id., *Insegnamenti*, vol. 7/2 (2011), pp. 510-514.

dividendo, estinguendo l'odio e non conservandolo, aprendo le vie del dialogo e non innalzando nuovi muri! Dialogare, incontrarci per instaurare nel mondo la cultura del dialogo, la cultura dell'incontro». Le religioni sanno che il dialogo è strettamente legato alla preghiera: «Dialogo e preghiera crescono o deperiscono insieme», secondo la relazione profonda tra Dio e gli uomini, così come anche Paolo VI sosteneva nell'enciclica *Ecclesiam suam* pubblicata nell'agosto 1964, che tanto peso ha avuto nei lavori del Vaticano II proprio per la definizione della centralità del dialogo nella vita e nella missione della Chiesa[10]. Esortando tutti a proseguire sulla strada tracciata dall'incontro di Assisi, Francesco rinnova la richiesta a «pregare per la pace del mondo, per la pace in Siria, per la pace nel Medio Oriente, per la pace in tanti Paesi del mondo».

Il secondo testo su cui vogliamo soffermarci è il messaggio[11] inviato ai partecipanti alla 36ᵃ tappa del "pellegrinaggio di fiducia sulla terra" promosso dalla Comunità di Taizé; l'incontro, che nasce da un'intuizione di frère Roger[12], si è tenuto a Stra-

---

[10] PAOLO VI, *Ecclesiam suam*, 6 agosto 1964, in *Enchiridion delle Encicliche*, vol. 7, pp. 480-579. Sulla *Ecclesiam suam* rimane fondamentale la lettura degli atti di un convegno di studio promosso dall'Istituto Paolo VI oltre trent'anni fa: *"Ecclesiam suam" première lettre encyclique de Paul VI*, Istituto Paolo VI, Brescia 1982. Per un commento coevo all'enciclica può essere utile consultare la raccolta degli interventi alla Radio Vaticana nel 1965 sul testo di Paolo VI: *Ecclesiam suam: le vie della Chiesa oggi*, Città Nuova, Roma 1965.

[11] PAPA FRANCESCO, *Messaggio ai partecipanti all'incontro europeo dei giovani promosso dalla Comunità di Taizé (Strasburgo, 28 dicembre 2013 - 1° gennaio 2014)*, Città del Vaticano, 28 dicembre 2013.

[12] Frère Roger, al secolo Roger Louis Schutz (1915-2005), è stato il fondatore della comunità monastica di Taizé, con la quale ha aperto una strada nuova al dialogo ecumenico; l'incontro annuale dei giovani per la pace e per il dialogo è una delle tante iniziative da lui promosse. Frère Roger è stata una personalità complessa e poliedrica, sulla quale non sono mancate polemiche proprio per l'originalità delle sue proposte. Sono molte le pubblicazioni sull'esperienza di Taizé, così come le edizioni, in formati molto diversi, degli scritti

sburgo dal 28 dicembre 2013 al 1° gennaio 2014, proseguendo un pellegrinaggio pluriennale che lo ha visto toccare piccole e grandi città europee. In questo messaggio, che porta la firma del neo-segretario di Stato, mons. Pietro Parolin[13], il Papa ricorda l'incontro del 2012 che si è tenuto a Roma, quando migliaia di giovani presero parte alla preghiera presieduta da Benedetto XVI[14]. La scelta del luogo per l'edizione 2013 appare particolarmente eloquente: il fatto che i giovani si ritrovassero in due paesi, in Francia (a Strasburgo, sede ufficiale dell'incontro), e in altre piccole realtà tedesche, assumeva infatti un significato particolare testimoniando da una parte la memoria di tante pagine di conflitti che hanno insanguinato l'Europa, e dall'altra la speranza di trovare una strada privilegiata per superare le tante difficoltà che frenano l'unità dell'Europa. L'incontro di Strasburgo era anche il segno di un impegno condiviso da tanti giovani di «cercare la comunione visibile di tutti coloro che amano Cristo», che la Comunità di Taizé aveva assunto per il 2014 nella consapevolezza che «la divisione tra cristiani costituisce un grosso

---

del fondatore; in un panorama tanto ricco, in più lingue, non è semplicissimo indicare un testo di riferimento per comprendere cosa rappresenta la Comunità di Taizé nel panorama religioso contemporaneo; qualche elemento si può trovare in Y. CHIRON, *Frère Roger, il fondatore di Taizé*, anche se questo volume contiene molte imprecisioni e dipende da un'interpretazione fuorviante. Di altro spessore, seppur limitato cronologicamente, S. SCATENA, *Taizé. Le origini della comunità e l'attesa del concilio*; alcune efficaci considerazioni si trovano in M. WIRZ, "La testimonianza ecumenica di Frère Roger di Taizé: insegnamento, prassi, vita", in A. PACINI (a cura di), *Oltre la divisione. L'intuizione ecumenica e il dialogo interreligioso*, pp. 169-202. Per una recente riflessione sull'unità della Chiesa da parte del successore di frère Roger, cfr. FRÈRE ALOIS, "Sotto lo stesso tetto. Le differenze teologiche non precludono l'unità in Cristo".

[13] Mons. Pietro Parolin (1955-), prete della diocesi di Vicenza; entrato nella Segreteria di Stato, è stato nominato nunzio in Venezuela il 17 agosto 2009. Il 15 ottobre 2013 è stato nominato da papa Francesco Segretario di Stato e il 22 febbraio 2014 è stato creato cardinale.

[14] Cfr. BENEDETTO XVI, *Discorso per il 35° Incontro europeo dei giovani animato dalla Comunità di Taizé*, Piazza San Pietro, Città del Vaticano, 29 dicembre 2012.

ostacolo per la realizzazione della missione che è stata affidata alla Chiesa». Questo impegno era in perfetta sintonia con
quanto papa Francesco aveva scritto nell'esortazione apostolica
Evangelii gaudium[15], quando aveva posto l'accento sul fatto che
la credibilità dell'annuncio della Buona Novella sarebbe stato
molta più grande se fossero venute meno le divisioni tra cristiani. Il messaggio rivolto ai giovani si concludeva così: «Il Papa
conta su di voi affinché, attraverso la vostra fede e testimonianza,
lo spirito di pace e di riconciliazione del Vangelo si irradi fra i
vostri coetanei».

Proprio questo messaggio in occasione dell'incontro di Strasburgo rinvia a un impegno dei cristiani in Europa per un ruolo sempre più attivo nella costruzione della pace, attraverso la
riconciliazione delle memorie e il superamento delle divisioni.
Si tratta di un tema che papa Francesco aveva già affrontato
e che avrebbe affrontato di nuovo nell'incontro con le Chiese
della Riforma e il Consiglio Ecumenico delle Chiese, con i quali
Roma prosegue il cammino ecumenico.

---

[15] Nel capitolo 5 tratteremo della dimensione ecumenica dell'esortazione
apostolica *Evangelii gaudium*.

Capitolo IV

UN PATRIMONIO DA CONDIVIDERE

Papa Francesco e il mondo della Riforma

L'8 aprile 2013 papa Francesco riceve in udienza privata il pastore Nikolaus Schneider[1], presidente della Chiesa Evangelica in Germania[2]. Secondo la testimonianza del pastore, l'incontro è stato «estremamente fraterno, con un sincero scambio di impressioni, da cuore a cuore». Papa Francesco avrebbe sottolineato l'importanza di una comune testimonianza da parte delle Chiese, che condividono la stessa fede in Cristo, pur

---

[1] Nikolaus Schneider (1947-), ordinato pastore nel 1976, dopo una serie di incarichi pastorali nel 1997 diventa vice-presidente della Evangelische Kirche im Rheinland, della quale diviene presidente nel 2003. Nel novembre 2010 è succeduto alla pastora Margot Käßmann, che si era dovuta dimettere pochi mesi prima, nella carica di presidente della Chiesa Evangelica Tedesca fino al 2015. Negli anni il pastore Schneider si è segnalato come un appassionato e convinto sostenitore del dialogo ecumenico, per i suoi gesti di riconciliazione con il popolo ebraico e per un particolare impegno nella creazione di un dialogo con il mondo islamico.

[2] Proprio per il carattere privato di questa udienza, un testo del Papa non è disponibile; per il contenuto ci si deve quindi rifare alla sola testimonianza del pastore Schneider in una conferenza stampa tenutasi presso il Decanato della Chiesa Evangelica Luterana in Italia lo stesso giorno dell'udienza. Se ne può leggere un resoconto in *Notizie Evangeliche in Italia*, 34/15-16 (2013); nello stesso numero si può trovare anche un'intervista al pastore Schneider sulle prospettive ecumeniche del dialogo tra la Chiesa Cattolica e il mondo della Riforma in vista del Cinquecentenario di quest'ultima (2017).

declinata con forme diverse. Nonostante l'incontro fosse solo un primo momento di conoscenza diretta e quindi non avesse all'ordine del giorno la discussione delle questioni ancora aperte in campo ecumenico, si è parlato anche del 500° anniversario della Riforma, che sarà celebrato nel 2017. Da parte luterana, come è stato ricordato dal pastore Schneider, c'è il desiderio di vivere questa ricorrenza come un momento ecumenico, cioè come tappa di un cammino per la costruzione dell'unità visibile della Chiesa, con il superamento di pregiudizi e divisioni che indeboliscono l'annuncio dell'Evangelo. Per questo Schneider ha invitato il Papa a prendere parte alle celebrazioni del 2017, tanto più che alcune iniziative potrebbero tenersi a Roma. Dal canto suo, Francesco avrebbe ricordato la visita di Benedetto XVI in Germania, in particolare il suo discorso a Erfurt[3], dove papa Ratzinger aveva espresso un giudizio positivo sulla figura di Lutero e sulle istanze di riforma delle quali il monaco agostiniano si era fatto interprete.

Il 14 giugno 2013 papa Francesco riceve in udienza Justin Welby, arcivescovo di Canterbury e primate della Comunione Anglicana[4]. A quest'ultimo, pochi giorni dopo la sua elezione, il Papa aveva inviato un messaggio[5] in vista della sua intronizzazione, prevista per il 21 marzo; in esso gli assicurava la sua preghiera nel momento in cui il vescovo anglicano assumeva questo nuovo ministero pastorale che è «una chiamata a camminare

---

[3] Il viaggio apostolico di Benedetto XVI in Germania si è svolto dal 22 al 25 settembre 2011. Il 23 settembre il Papa parlò ai rappresentanti della Chiesa Evangelica nella sala dell'ex-convento agostiniano dove Lutero aveva vissuto un periodo della sua vita. Cfr. BENEDETTO XVI, "Alla ricerca di un Dio Misericordioso", in ID., *Insegnamenti*, vol. 7/2 (2011), pp. 297-300.

[4] PAPA FRANCESCO, *Discorso a Sua Grazia Justin Welby, arcivescovo di Canterbury e primate della Comunione Anglicana*, Città del Vaticano, 14 giugno 2013.

[5] PAPA FRANCESCO, *Messaggio a Sua Grazia Justin Welby, arcivescovo di Canterbury*, Città del Vaticano, 18 marzo 2013.

nella fedeltà al Vangelo di nostro Signore Gesù Cristo». Il Papa chiedeva a Welby una preghiera, formulando l'auspicio di avere presto occasione di incontrarlo per proseguire le fraterne relazioni che avevano segnato i rapporti tra la Chiesa Cattolica e la Comunione Anglicana negli ultimi decenni.

Il 14 giugno Welby, che è accompagnato dalla moglie Caroline, dall'arcivescovo David Moxon, rappresentante ufficiale del Primate di Inghilterra presso la Santa Sede[6], e da mons. Vincent Nichols, arcivescovo di Westminster[7], è accolto da papa Francesco con le parole pronunciate da Paolo VI in occasione della visita (24 marzo 1966) dell'arcivescovo Michael Ramsey[8], predecessore di Welby, che si era conclusa con una *Dichiarazione comune*[9]. Con quel saluto Montini, che era profondamente legato

---

[6] David Moxon (1951-), neozelandese, è stato ordinato presbitero nel 1975 e consacrato vescovo nel 1993. Nel 2006 è stato nominato arcivescovo in Nuova Zelanda e primate della Chiesa Anglicana di Aotearoa, Nuova Zelanda e Polinesia, prendendo parte al nuovo modello tripartito di episcopato della regione (con William Brown Turei per i Maori e Winston Halapua per la Polinesia). Dopo aver preso parte a varie iniziative ecumeniche, tra le quali la Commissione internazionale anglicano-cattolica, il 10 maggio 2013 ha iniziato il suo servizio a Roma in qualità di rappresentante della Comunione Anglicana presso la Santa Sede e direttore del Centro Anglicano.

[7] Vincent Nichols (1945-), ordinato sacerdote il 21 novembre 1969, è stato eletto vescovo ausiliare di Westminster il 5 novembre 1991; il 15 febbraio 2000 è stato nominato arcivescovo di Birmingham da dove, il 3 aprile 2009, è stato trasferito alla sede di Westminster. Il 22 febbraio 2014 papa Francesco lo ha creato cardinale.

[8] Su Michael Ramsey (1904-1988) cfr. O. Chadwick, *Michael Ramsey. Il primate del dialogo*. Per quanto riguarda l'opera ecumenica di Ramsey può essere interessante leggere un volume degli anni della prima recezione del Concilio Vaticano II, scritto a quattro mani dall'arcivescovo anglicano e dall'arcivescovo di Malines, il card. Suenens, che è stato uno degli indiscussi protagonisti del Vaticano II: L.-J. Suenens, M. Ramsey, *L'avenir de l'église*.

[9] *Dichiarazione comune*, 24 marzo 1966, in S. Voicu, G. Cereti, *Enchiridion Oecumenicum*, vol. 1, pp. 100-102. Sulle vicende del dialogo cattolico-anglicano a cavallo della celebrazione del Concilio, cfr. W. Purdy, *The search for Unity. Relations between the Anglican and Roman Catholic Churches from 1950s to the 1970s*.

alla tradizione anglicana fin dagli anni milanesi[10], aveva voluto mostrare, a pochi mesi dalla conclusione del Vaticano II, quanto il Papa ritenesse importante per il futuro del movimento ecumenico costruire un dialogo fraterno con la Comunione Anglicana, con la quale non erano mancati incontri e iniziative anche prima del Concilio. Francesco vuole porsi sulla stessa linea, ricordando le preghiere di Welby per il Papa al momento del suo ingresso a Canterbury: questa prossimità temporale nell'aver assunto le rispettive responsabilità ha creato, per Bergoglio, un legame per il quale, dice, «avremo sempre un motivo particolare per sostenerci a vicenda con la preghiera».

Il Santo Padre evoca la storia dei rapporti tra la Chiesa d'Inghilterra e la Chiesa di Roma, una storia «complessa, non priva di momenti dolorosi», che ha vissuto negli ultimi decenni una nuova stagione, segnata da un cammino di dialogo per il quale i cristiani devono ringraziare il Signore. Questo cammino è stato possibile grazie al lavoro della Commissione internazionale anglicano-cattolica[11] e «all'intrecciarsi, a tutti i livelli, di rapporti cordiali e di una quotidiana convivenza, caratterizzata da profondo rispetto reciproco e sincera collaborazione». L'importanza di questi rapporti è testimoniata dalla presenza a questo incontro dell'arcivescovo Nichols, ma soprattutto dal fatto che

---

[10] A Milano Montini aveva ricevuto una delegazione anglicana della quale faceva parte anche il canonico Bernard Pawley (1911-1981), che giocò un ruolo di primo piano nel Concilio Vaticano II come osservatore delegato della Chiesa anglicana; di recente sono state pubblicate alcune delle sue relazioni sui lavori del Concilio: A. CHANDLER, C. HANSEN (edd.), *Observing Vatican II: The confidential reports of the Archbishop of Canterbury's Representative, Bernard Pawley, 1961-1964*.

[11] Sulla Commissione, cfr. il recente P. GAMBERINI, "Il dialogo teologico tra Chiesa Cattolica e Comunione Anglicana: l'Arcic" e D. GEERNAERT, "Anglican-Roman Catholic International Dialogue (from 1970)". Per una recente valutazione dell'impegno ecumenico della Comunione Anglicana cfr. P.-B. SMIT, *Tradition in dialogue: the understanding of tradition in the international bilateral dialogues of the Anglican Communion*.

proprio grazie ad essi è stato possibile superare momenti di tensione e di difficoltà nel dialogo tra Roma e Canterbury talvolta superiori a quelli che ci si poteva immaginare.

Da questo punto di vista papa Francesco esprime un ringraziamento pubblico alla Chiesa d'Inghilterra per aver compreso le ragioni che hanno portato Benedetto XVI alla pubblicazione della costituzione apostolica *Anglicanorum coetibus*[12], con la quale «offrire una struttura canonica in grado di rispondere alle domande di quei gruppi di anglicani che hanno chiesto di essere ricevuti, anche corporativamente, nella Chiesa Cattolica». Papa Bergoglio si dice sicuro che la *Anglicanorum coetibus* consentirà alla Chiesa Cattolica di conoscere sempre meglio il patrimonio spirituale, liturgico e pastorale della Comunione Anglicana. Tocca così uno degli aspetti più problematici dei recenti rapporti tra Roma e Canterbury e lo fa ringraziando la Chiesa di Inghilterra e sottolineando l'importanza di questo testo per la Chiesa Cattolica. Non fa riferimento a un suo intervento di qualche giorno prima, il 31 maggio, proprio sulla *Anglicano-*

---

[12] La costituzione apostolica *Anglicanorum coetibus* è stata promulgata da Benedetto XVI il 4 novembre 2009 per trovare una soluzione canonica ai gruppi usciti dalla Comunione Anglicana per contrasti su alcuni aspetti dottrinali ed etici; il documento prevede la creazione di ordinariati personali per questi fedeli in modo da preservare le tradizioni liturgiche e spirituali anglicane. Sono stati istituiti tre ordinariati: *Cattedra di San Pietro* per i fedeli degli Stati Uniti d'America, *Nostra Signora di Walsingham* per i fedeli di Inghilterra e Galles, e *Nostra Signora della Croce del Sud* per i fedeli dell'Australia. Nel corso degli anni è andata mutando la provenienza dei fedeli dei nuovi ordinariati: infatti sempre più si tratta di anglicani che, in disaccordo con le più recenti decisioni delle Chiese anglicane, soprattutto negli Stati Uniti e in Inghilterra, chiedono di poter usufruire della *Anglicanorum coetibus*. Anche in considerazione di questi cambiamenti papa Francesco ha modificato il testo, il 31 maggio 2013, permettendo agli ordinariati un'opera di catechesi ed evangelizzazione anche nei confronti di coloro che non provengono dalla tradizione anglicana. Per una valutazione della *Anglicanorum coetibus*, limitatamente al suo impatto nel movimento ecumenico, cfr. G. Ruggeri (a cura di), *La Costituzione "Anglicanorum coetibus" e l'ecumenismo*.

rum coetibus, con il quale si stabiliva che una persona, battezzata nella Chiesa Cattolica ma senza aver completato i sacramenti dell'iniziazione, una volta presa la decisione di riprendere una piena partecipazione alla vita della Chiesa, grazie alla missione evangelizzatrice di un ordinariato di anglicani uniti a Roma poteva essere ammessa nell'ordinariato stesso, ricevendo il sacramento della cresima e/o dell'eucaristia. L'introduzione di questa modifica non toccava la natura degli ordinariati anglicani uniti, ma apriva nuove significative prospettive alla loro azione all'interno della Chiesa Cattolica: riconosceva infatti il compito di una missione evangelizzatrice e la possibilità di accogliere al proprio interno anche i cristiani che non provenivano direttamente dalla tradizione anglicana.

Nel colloquio con Welby, papa Francesco torna sull'importanza della costruzione dell'unità della Chiesa: non è una scelta che nasce da ragioni di ordine pratico, ma si tratta di obbedire a quanto il Signore ha chiesto alla comunità degli apostoli; per questo appare fondamentale il ricorso alla preghiera come strada privilegiata nel cammino ecumenico, con il quale i cristiani devono scoprire la comune testimonianza dei valori contestati o taciuti dalla società contemporanea, come «il rispetto verso la sacralità della vita umana, o la solidità dell'istituto della famiglia fondata sul matrimonio, valore che Lei ha avuto modo di richiamare recentemente». In questo caso il Papa fa solo un accenno a un tema sul quale il dibattito nella Comunione Anglicana è molto vivo, con l'emergere di posizioni che hanno portato a divisioni e contrasti tanto da mettere in pericolo l'esistenza stessa della Comunione[13].

Per Francesco i cristiani devono testimoniare nel mondo il loro impegno per una maggiore giustizia sociale, per un sistema

---

[13] Anche se di qualche anno fa, rimane molto utile per comprendere le ragioni della crisi interna alla Comunione Anglicana M. K. Hassett, *Anglican Communion in Crisis. How Episcopal Dissidents and Their African Allies are reshaping Anglicanism.*

economico che abbia al centro l'uomo, e per la costruzione della pace; su quest'ultimo aspetto ricorda le iniziative di Welby e di Nichols per trovare una soluzione al conflitto siriano. L'unità della Chiesa, afferma Bergoglio, «è un dono che viene dall'alto e che si fonda nella nostra comunione d'amore con il Padre, il Figlio e lo Spirito Santo»; per questo i cristiani devono camminare insieme nella carità, ponendo al centro della loro vita Cristo, nel quale si deve riporre ogni speranza dal momento che il Signore «in tutto ha potere di fare molto più di quanto possiamo domandare o pensare», come si legge nella lettera agli Efesini (3,2). Dopo aver ringraziato per i passi compiuti da cattolici e anglicani e non aver taciuto difficoltà e problemi nel presente del loro dialogo, ecco così concludersi il discorso con una citazione biblica che rimanda alla fonte condivisa da tutti i cristiani.

Il 21 ottobre papa Francesco riceve una delegazione della Federazione Luterana Mondiale e i membri della Commissione per l'unità luterano-cattolica[14]. Per il Pontefice è già in sé una gioia rivedere il vescovo Munib Younan[15] e il pastore Martin Junge[16],

---

[14] Cfr. Papa Francesco, *Discorso alla delegazione della Federazione Luterana Mondiale e ai rappresentanti della Commissione per l'unità luterano-cattolica*, Città del Vaticano, 21 ottobre 2013.

[15] Munib Younan (1950-), nato a Gerusalemme, vescovo della Chiesa Luterana della Palestina e della Giordania dal 1998, dal 2004 al 2010 è stato presidente della Fellowship of the Middle East Evangelical Churches (FMEEC). Impegnato nel dialogo con gli ebrei e con i musulmani in Medio Oriente, è stato eletto presidente della Federazione Luterana Mondiale nel 2010, dopo esserne stato vicepresidente in rappresentanza delle comunità luterane in Asia.

[16] Martin Junge (1961-), pastore della Chiesa Luterana del Cile, dove è nato, ha studiato in Cile e in Germania, prima di essere ordinato pastore nel 1989; eletto presidente della Chiesa Luterana del Cile nel 1996, impegnato nei dialoghi teologici tra luterani e cattolici, riformati, pentecostali e ortodossi, attivo nel dialogo interreligioso a livello locale e internazionale, dal 2010 è segretario generale della Federazione Luterana Mondiale.

rispettivamente presidente e segretario della Federazione, che a marzo avevano preso parte alle celebrazioni di inizio pontificato.

Il Papa dice di guardare «con profonda gratitudine al Signore Gesù Cristo» per i tanti passi compiuti da luterani e cattolici nella costruzione dell'unità visibile della Chiesa[17]: questi passi si possono trovare non solo negli accordi sottoscritti e nei dialoghi teologici ma anche in una collaborazione quotidiana e nell'approfondimento dell'ecumenismo spirituale[18]. Proprio su quest'ultimo papa Francesco si sofferma in quanto «costituisce, in certo senso, l'anima del nostro cammino verso la piena comunione, e ci permette di pregustarne già da ora qualche frutto, anche se imperfetto»: tanto più i cristiani si avvicinano a Cristo, tanto più si riducono le distanze tra di loro, e questo avverrà nella misura in cui i cristiani sapranno abbandonarsi alla preghiera, confidando in tutto e per tutto nell'aiuto e nel sostegno del Signore per progredire nel cammino ecumenico, superando così le questioni che ancora li tengono separati.

Per il dialogo tra cattolici e luterani il 2013 è stato l'anno della pubblicazione di un documento (*Dal conflitto alla comunione. L'interpretazione luterano-cattolica della Riforma nel 2017*[19]) che

---

[17] Sullo stato del dialogo tra luterani e cattolici, soprattutto da un punto di vista teologico, cfr. G. Cereti, "I dialoghi teologici fra la Chiesa Cattolica e le Chiese della Riforma"; Th. Dieter, "Dalla 'Dichiarazione congiunta sulla dottrina della giustificazione verso una visione comune della apostolicità della chiesa nel dialogo luterano/romano"; J. Wicks, "Lutheran-Roman Catholic World-Level Dialogue: Selected Remarks"; W. G. Rusch, "The History, Methodology, and Implications for Ecumenical Reception of the Apostolicity Study of the Lutheran-Roman Catholic International Dialogue"; M. Türk, "Per l'unità tra cattolici e riformati. Relazioni con la Federazione luterana mondiale e la Conferenza dell'Unione di Utrecht".

[18] Sull'ecumenismo spirituale sono interessanti alcune sintetiche riflessioni del cardinale Kasper: W. Kasper, "Spunti teologici sull'ecumenismo spirituale".

[19] Cfr. Commissione luterana-cattolica romana sull'unità, "Dal conflitto alla comunione. La commemorazione comune luterana-cattolica della Riforma nel 2017".

vuole preparare cattolici e luterani a vivere ecumenicamente la celebrazione del 500° anniversario della Riforma. Un documento, nell'ottica di Bergoglio, particolarmente rilevante per il dialogo ecumenico poiché fondato sull'idea che si debba partire da un confronto sulla dimensione storica della Riforma per «chiedere perdono per il male arrecato gli uni agli altri e per le colpe commesse davanti a Dio, e insieme gioire per la nostalgia di unità che il Signore ha risvegliato nei nostri cuori, e che ci fa guardare avanti con uno sguardo di speranza». I decenni di dialogo teologico e di gesti di comunione fraterna sono una spinta a proseguire il riavvicinamento, senza ignorare le difficoltà nell'affrontare le questioni centrali e più attuali come le divergenze in campo antropologico ed etico. Per superarle, il Papa raccomanda «ancora pazienza, dialogo, comprensione reciproca», sapendo bene, come ricordava anche Benedetto XVI, che l'unità non è il risultato di uno sforzo umano, ma dell'azione dello Spirito Santo, che riesce ad aprire i cuori dei cristiani così da convertirli alla riconciliazione, e della comunione. Non manca una citazione dall'enciclica *Ut unum sint* di Giovanni Paolo II (25 maggio 1995; n. 98), dove si parla della centralità della riconciliazione tra cristiani nella missione della Chiesa: Bergoglio esprime l'auspicio che «la preghiera fedele e costante nelle nostre comunità possa sostenere il dialogo teologico, il rinnovamento della vita e la conversione dei cuori» in modo che tutti possano camminare verso la costruzione dell'unità della Chiesa, così come desiderato da Gesù Cristo.

Il 7 marzo 2014 papa Francesco riceve in udienza una delegazione del Consiglio Ecumenico delle Chiese, guidata dal suo segretario generale, il pastore Olaf Fykse Tveit[20]: non era

---

[20] Olav Fykse Tveit (1960-), pastore della Chiesa Luterana di Norvegia, impegnato fin da giovanissimo nel movimento ecumenico, è stato eletto segretario generale del Consiglio Ecumenico delle Chiese di Ginevra il 27 agosto 2009, succedendo al pastore Samuel Kobia. Dal 1° gennaio 2010 ha assunto ufficialmente l'incarico.

la prima volta che il Papa incontrava Tveit né che si rivolgeva
al Consiglio. Il 3 ottobre 2013, infatti, i due si erano già incontrati a Roma, a margine di un convegno organizzato dal Pontificio Consiglio Giustizia e pace per celebrare il 50° anniversario dell'enciclica *Pacem in terris*: in questa occasione Tveit si era
rivolto al Pontefice per rilanciare una possibile collaborazione
ecumenica nel campo della pace, ben sapendo quanto il Papa
avesse a cuore questo tema e come il Consiglio Ecumenico delle
Chiese si stesse preparando ad affrontarlo nell'imminente Assemblea generale, in programma a Busan (Corea) dal 30 ottobre
all'8 novembre 2013[21]; all'Assemblea avrebbe preso parte anche una delegazione della Chiesa Cattolica presieduta da mons.
Brian Farrell[22], segretario del Pontificio Consiglio per la promozione dell'unità dei cristiani.

In occasione dell'appuntamento di Busan, il Papa aveva inviato un messaggio in data 4 ottobre, festa di San Francesco[23].
Il testo si apre con l'assicurazione che avrebbe seguito con interesse i lavori dell'Assemblea, valutando anche l'impatto pastorale delle eventuali decisioni, un'attenzione che fa parte della
pluriennale collaborazione tra la Chiesa Cattolica e il Consiglio.
Il tema dell'Assemblea ("Dio della vita, guidaci alla giustizia e
alla pace") secondo Bergoglio richiama la dimensione della Trinità e della Croce di Cristo; questi sono indicati quali punti di
riferimento e modelli di vita per i cristiani che partecipano alla
causa ecumenica, facendo l'esperienza di come il Regno di Dio
sia all'opera là dove si ha cura della vita, e la giustizia e la pace

---

[21] Per una cronaca e una prima valutazione dell'Assemblea generale di Busan da parte di un testimone oculare, cfr. R. Giraldo, "La decima Assemblea
mondiale del CEC".

[22] Brian Farrell (1944-), irlandese, il 19 dicembre 2002 è stato nominato
segretario del Pontificio Consiglio per la promozione dell'unità dei cristiani e
contestualmente eletto vescovo titolare di Abitinia.

[23] Papa Francesco, *Messaggio al cardinale Kurt Koch in occasione della X
Assemblea generale del Consiglio Ecumenico delle Chiese*, 4 ottobre 2013.

siano vive e presenti nella quotidianità della società contemporanea. Per questo il Papa è convinto che l'Assemblea generale saprà aiutare a consolidare l'azione dei cristiani nell'intensificare preghiere e cooperazione in modo da porsi sempre più nella scia del Vangelo, per il bene della famiglia umana. Il mondo globalizzato chiede ai cristiani una testimonianza comune e condivisa di Cristo, che dona la dignità a ogni essere umano e promuove le condizioni culturali, sociali e giuridiche dei singoli e delle comunità, che possono così crescere in libertà. Con queste parole papa Francesco dimostra ancora una volta che per lui il movimento ecumenico assume un valore che va ben oltre il dialogo teologico per la soluzione delle questioni che impediscono una piena comunione; infatti i cristiani, che lavorano insieme per l'unità visibile della Chiesa, contribuiscono proprio con la loro fedeltà all'Evangelo al miglioramento delle condizioni degli uomini e delle donne, assicurando anche quella libertà senza la quale non c'è vero sviluppo. Testimoniare insieme Cristo significa anche sostenere la famiglia, che è un elemento fondamentale della struttura della società, definire i percorsi per un'educazione che sia integrale e solida per i giovani, e garantire a tutti l'esercizio della libertà religiosa. Nel rimanere fedeli al Vangelo e nel rispondere alle urgenze dei tempi presenti, i cristiani sono chiamati a raggiungere, con l'annuncio e con la testimonianza, coloro che vivono nelle periferie del mondo; devono fare questo per manifestare la loro solidarietà con gli ultimi e per dare un sostegno ai più deboli e ai più vulnerabili: «I poveri, i disabili, coloro che non sono ancora nati, i malati, i migranti, i rifugiati, i vecchi e i giovani che hanno perso il lavoro».

Papa Francesco si dice convinto che l'anima dell'ecumenismo rimane l'autentica conversione, la santità e la preghiera, così come viene indicato dal numero 8 del decreto *Unitatis redintegratio* del Vaticano II: una citazione esplicita del Concilio, il quale costituisce il filo rosso di questo messaggio dal momento che ne ripropone alcune idee forti, come lo stretto legame tra la missione e la fedeltà al Vangelo nell'ascolto dei bisogni del mondo contemporaneo.

Al termine del messaggio, il Pontefice assicura la sua preghiera per l'Assemblea, momento importante per il movimento ecumenico che riceverà nuovo impulso dai suoi lavori: l'Assemblea sarà un ulteriore sostegno per tutti coloro che sono già coinvolti nella «sacra causa» dell'unità, nel confermare la fedeltà alle parole di Cristo per la sua Chiesa una e nell'aprire i cuori così da rendere gli uomini docili ascoltatori dei suggerimenti dello Spirito Santo.

Tornando al 7 marzo 2014, papa Francesco si rivolge a Tveit e alla delegazione del Consiglio Ecumenico delle Chiese[24] dicendo che l'incontro è «un ulteriore, importante, capitolo delle lunghe e proficue relazioni» tra la Chiesa Cattolica e il Consiglio[25]; dell'opera di quest'ultimo in favore dell'unità il Papa è riconoscente anche alla luce di quanto lo stesso ha fatto fin dai suoi primi passi. Si è trattato di un «grande contributo» che ha consentito di formare quella sensibilità ecumenica che è necessaria per comprendere che le divisioni sono un ostacolo alla testimonianza della Buona Novella. Le divisioni non possono essere «accettate con rassegnazione, come fossero semplicemente una componente inevitabile dell'esperienza storica della Chiesa», dal momento che non si può ignorare quell'imperativo del Signore che è la ricerca dell'unità: non tenerne conto significherebbe tradire Cristo e il suo messaggio di salvezza. La Chiesa Cattolica e il Consiglio Ecumenico hanno sviluppato negli ultimi decenni, a partire dal Concilio Vaticano II, un'intensa collaborazione che ha dato molti frutti. Nonostante questi passi, va ammesso che

---

[24] PAPA FRANCESCO, *Discorso alla delegazione del Consiglio Ecumenico delle Chiese*, 7 marzo 2014.

[25] Per alcune considerazioni, cfr. G. FAIRBANKS, "Così s'impara a guardare con gli occhi dell'altro. I rapporti del Consiglio ecumenico delle Chiese e l'Alleanza battista mondiale". Uno dei frutti della collaborazione ecumenica tra Chiesa Cattolica e Consiglio è il lavoro della Commissione Fede e Costituzione: cfr. A. MAFFEIS, "I dialoghi teologici della Commissione Fede e Costituzione: le tappe, il metodo e i principali risultati acquisiti".

«la via verso la comunione piena e visibile è un cammino che risulta ancora oggi arduo e in salita». Lo Spirito è la guida per tutti i cristiani, i quali devono proseguire il cammino tenendo sempre bene in mente quanto fatto senza fermarsi, senza accontentarsi dei risultati ottenuti finora. In tutto ciò la preghiera costituisce un elemento fondamentale, tanto più che «con spirito di preghiera umile e insistente si potrà avere la necessaria lungimiranza, il discernimento e le motivazioni per offrire il nostro servizio alla famiglia umana, in tutte le sue debolezze e le sue necessità, sia spirituali che materiali». Il Papa conclude assicurando la sua preghiera per il cammino ecumenico, esprimendo così la convinzione che il Signore sosterrà non solo il Consiglio ma anche tutti coloro che hanno a cuore l'unità. Al tempo stesso chiede alla delegazione una preghiera per lui per «essere docile strumento della Sua volontà e servo dell'unità».

Gli incontri con la Comunione Anglicana, con la Federazione Luterana Mondiale e con il Consiglio Ecumenico delle Chiese mostrano quanto papa Francesco sia deciso a riaffermare l'impegno della Chiesa Cattolica nel proseguire il cammino ecumenico, senza ignorare le difficoltà dei tempi presenti. Tuttavia, accanto al dialogo teologico, fondamentali rimangono quei contatti personali e quotidiani che consentono di scoprire giorno per giorno ciò che già unisce i cristiani. In questa situazione, con decenni di collaborazione ecumenica alle spalle che ha portato alla firma di dichiarazioni e documenti per l'unità, resta essenziale il ricorso alla preghiera: essa aiuta i cristiani ad avvicinarsi a Cristo e quindi a ridurre le distanze e le differenze, rendendo più efficace l'annuncio del Vangelo che costituisce la missione della Chiesa.

Capitolo V

CONDIVIDERE I DONI

L'esortazione post-sinodale "Evangelii gaudium"

Il 24 novembre 2013 viene pubblicata l'esortazione *Evangelii gaudium* sull'annuncio del Vangelo al mondo: è il primo documento di ampio respiro di papa Francesco, dal momento che l'enciclica *Lumen fidei* era stata scritta "a quattro mani" con il suo predecessore. Si tratta dell'esortazione che fa seguito al Sinodo straordinario "La nuova evangelizzazione per la trasmissione della fede cristiana"[1].

Una parte dell'*Evangelii gaudium* è interamente dedicata al dialogo e quindi appare particolarmente importante nell'ambito della nostra trattazione. Il tema viene affrontato sotto vari aspetti: il dialogo della Chiesa Cattolica con la scienza; il valore e l'importanza del confronto ecumenico per la vita della Chiesa; la natura dei rapporti tra cristiani ed ebrei; il carattere e le finalità del dialogo con le altre religioni e infine la posizione della Chiesa Cattolica riguardo alla libertà religiosa e alla sua necessità. Il dialogo viene quindi declinato in molti modi per metterne in evidenza l'importanza in quanto via privilegiata per la missione della Chiesa tra i cristiani, nel confronto con le altre religioni e nella società. Forte è il richiamo, anche implicito, al Concilio Vaticano II, dove la categoria del dialogo ebbe un ruolo centrale non solo nella formulazione di una nuova modalità di partecipazione della Chiesa al movimento ecumenico, ma anche

---

[1] Il Sinodo si è svolto dal 7 al 28 ottobre 2012.

nella riflessione su come il Concilio avrebbe dovuto trasmettere al mondo, in forma aggiornata e/o rinnovata, la dottrina della Chiesa, facendo ricorso al dialogo con la società contemporanea senza rinunciare alla ricchezza e alla complessità della propria tradizione, ma abbandonando la via delle condanne.

Nell'*Evangelii gaudium* la riflessione sul dialogo è affrontata nella quarta e ultima parte ("Il dialogo sociale come contributo per la pace") del capitolo 4, nei numeri 238-258, dove si parla di dialogo tra fede, ragione e scienze (242-243), dialogo ecumenico (244-246), relazioni con l'ebraismo (247-249), dialogo interreligioso (250-254) e dialogo sociale in un contesto di libertà religiosa (255-258).

Rispetto al dialogo ecumenico, afferma l'esortazione, la Chiesa Cattolica deve viverne l'impegno per manifestare la propria obbedienza a quanto richiesto da Gesù Cristo secondo le parole del vangelo di Giovanni: «Tutti siano una cosa sola», che è un comando rivolto non solo agli Apostoli ma a tutte le comunità cristiane della storia. La costruzione dell'unità dei cristiani è un impegno che non può essere quindi opzionale né tantomeno un'operazione dettata da interessi e logiche puramente umani: essa ha un fondamento biblico e proprio per questo non può essere ignorata. Ad essa si deve mirare, inoltre, perché è evidente che le divisioni tra i cristiani mettono in gioco la stessa credibilità della loro predicazione, dal momento che annunciano diviso ciò che è unito. Per impedire il venire meno della propria credibilità nella missione di annunciare il Vangelo, la Chiesa deve muoversi per realizzare «la pienezza della cattolicità a lei propria con quei figli che sono uniti col battesimo, ma sono separati dalla sua piena comunione», così come recita il decreto del Vaticano II *Unitatis redintegratio* citato da papa Francesco; questa citazione mostra che il Santo Padre considera tuttora il documento del Concilio il punto di riferimento ineludibile e fondamentale nella riflessione su cosa è l'unità visibile della Chiesa e su cosa si deve fare per realizzarla.

La divisione deve essere letta alla luce della condizione nella quale si trovano i cristiani: essi, infatti, devono sempre ricordare di essere «pellegrini» in questo mondo. Si tratta di una condizione che è comune a tutti i fedeli in Cristo e quindi «bisogna affidare il cuore al compagno di strada senza sospetti, senza diffidenze, e guardare anzitutto a quello che cerchiamo: la pace nel volto dell'unico Dio». Questa definizione non comporta nient'altro che qualcosa di «artigianale», come è la costruzione della pace descritta nella Bibbia.

Il Sinodo sulla nuova evangelizzazione ha fatto vedere ancora una volta quanti passi siano stati fatti dal cammino ecumenico, anche per la presenza del patriarca ecumenico Bartolomeo e dell'arcivescovo di Canterbury Rowan Williams[2], che sono stati «un autentico dono di Dio e una preziosa testimonianza cristiana». Anche nel Sinodo è apparso evidente che la ricerca dell'unità è un'emergenza da affrontare tenendo conto del fatto che le divisioni indeboliscono l'opera missionaria della Chiesa. Il Sinodo ha posto nuovamente l'attenzione sul fatto che, soprattutto in Asia e in Africa, i cristiani sono costretti a convivere con «le critiche, le lamentele, le derisioni» che ricevono proprio a causa delle divisioni che esistono tra di loro. Queste rendono meno efficace l'opera di evangelizzazione, tanto più allorché i cristiani non riescono a dare una dimensione ecumenica alla loro missione.

Di fronte a questa situazione, papa Bergoglio richiama alla memoria ancora una volta il Concilio Vaticano II, che rappresenta un punto di riferimento costante nelle sue parole e nei suoi gesti per la promozione del dialogo ecumenico. I cristiani dovrebbero concentrarsi su ciò che già li unisce e ricordare sempre il principio della "gerarchia delle verità"[3], così da condivide-

---

[2] Arcivescovo di Canterbury fino al 2013, negli ultimi anni ha dovuto affrontare la crisi della Comunione Anglicana, lacerata al suo interno per una serie di questioni etiche ed ecclesiologiche. Nonostante le difficoltà, si è impegnato in prima persona nel rafforzamento del dialogo ecumenico e nel rilancio del dialogo islamo-cristiano.

[3] Su questa espressione tanto centrale e fertile del decreto *Unitatis redintegratio* rimandiamo a un commento datato che mantiene però intatta la sua stra-

re la missione dell'annuncio della Buona Novella che ancora in
tanti devono ricevere: «L'impegno per un'unità che faciliti l'accoglienza di Gesù Cristo smette di essere mera diplomazia o un
adempimento forzato, per trasformarsi in una via imprescindibile dell'evangelizzazione». Le divisioni tra i cristiani sono davvero una contro-testimonianza poiché evidenziano l'incapacità
di vivere l'unità di Cristo e non contribuiscono a rafforzare la
missione della Chiesa; non aiutano all'edificazione della pace ma
generano violenza, talvolta persino aggiungendone nei contesti
dove uomini e donne sono chiamati a confrontarsi quotidianamente con i conflitti politici, religiosi e sociali. Per papa Francesco i cristiani devono uscire da questa situazione che li vede
ancora divisi: la strada per superarla è abbandonarsi totalmente
allo Spirito Santo, in modo da imparare quanto già ci unisce e
come questo patrimonio comune debba essere condiviso nella
quotidianità dell'esperienza della fede in Cristo. L'ecumenismo
non si deve pertanto limitare alla promozione di una sempre
migliore conoscenza dell'altro: questa strada è rilevante, ma non
esaurisce il dialogo ecumenico che deve essere piuttosto un tempo privilegiato di ascolto dello Spirito Santo per raccogliere i
doni che si trovano nelle diverse tradizioni cristiane.

Si tratta di un passaggio particolarmente significativo non
solo per lo stretto legame che si crea tra l'azione missionaria e
il cammino ecumenico in questa prospettiva di scoperta e condivisione dei doni, ma anche per la stessa definizione del ruolo
della Chiesa Cattolica nella costruzione dell'unità visibile della
Chiesa. Proprio per il rilievo di questo passaggio, il Papa fa un
esempio concreto: nei rapporti con il mondo ortodosso la Chiesa Cattolica deve cogliere l'opportunità di conoscere qualcosa di
significativo riguardo alla natura della collegialità episcopale e al
tempo stesso cercare di approfondire la dimensione quotidiana

---

ordinaria vitalità in campo ecumenico: L. Sartori, "La gerarchia delle verità.
Prospettive ecumeniche".

dell'esperienza della sinodalità nella vita della Chiesa. Si realizza
così quello scambio di doni che configura il dialogo come una
corsia preferenziale per giungere alla verità e al bene. Anche in
quest'ultimo punto si avverte chiaramente quanto le parole del
Pontefice siano strettamente legate al Concilio in senso lato e
non solo al decreto *Unitatis redintegratio*. La collegialità e la sinodalità della Chiesa, infatti, sono stati tra i temi più dibattuti
al Vaticano II, dentro e fuori l'aula conciliare dove venivano pre-
sentati e discussi gli schemi da promulgare. Il dibattitto su questi
due temi ha assunto anche una dimensione ecumenica, proprio
per il rilievo che essi avevano per lo sviluppo e l'approfondimento del confronto ecclesiologico tra Roma e le altre Chiese; tale
dibattitto ha mosso i primi timidi passi proprio negli anni della
celebrazione del Concilio. Negli anni della sua recezione e della
sempre maggiore presenza della Chiesa Cattolica nel movimento ecumenico, anche con la nascita di tanti dialoghi bilaterali, la
questione ecclesiologica è rimasta al centro del confronto teologico nella ricerca di testi condivisi che rendessero la pluralità di
posizioni e di esperienze sulla collegialità e sulla sinodalità nella
prospettiva di una riforma della Chiesa.

Conclusa questa parte sull'importanza, la necessità e la natura
del dialogo ecumenico, l'*Evangelii gaudium* affronta il tema delle
relazioni tra la Chiesa Cattolica e l'ebraismo. Il punto di partenza è costituito dall'assunto che l'Alleanza di Dio con il popolo
ebraico non è mai stata revocata e quindi gli ebrei condividono
con i cristiani una parte delle Sacre Scritture, così come viene
detto nella lettera ai Romani. Per questo l'ebraismo non può
essere considerato un'altra religione, alla stregua di coloro che,
secondo il linguaggio neotestamentario, dovranno «abbandonare i loro idoli» per incontrare il vero Dio. Per papa Francesco la
dottrina della Chiesa Cattolica su questo punto è chiara: «Cre-
diamo insieme con loro nell'unico Dio che agisce nella storia, e
accogliamo con loro la comune Parola rivelata». In questo modo
delinea molto chiaramente l'orizzonte nel quale vuole collocare
la propria riflessione: si tratta di proseguire e sviluppare quanto

enunciato dal Vaticano II, con il superamento di una serie di posizioni che, nel corso dei secoli, hanno influenzato il rapporto tra cattolici ed ebrei creando barriere e incomprensioni; queste hanno impedito di comprendere appieno come «il dialogo e l'amicizia con i figli d'Israele sono parte della vita dei discepoli di Gesù». Si tratta di una posizione che è stata sviluppata a partire dai documenti del Concilio e che ha trovato applicazione nella sua recezione, cioè in una serie di interventi del magistero pontificio in questa direzione; nella recezione confluisce anche una rilettura del testo biblico nel suo complesso, con una ricomprensione di quelle pagine nelle quali forte era la polemica tra le prime comunità cristiane e il mondo ebraico.

Dopo aver esposto in modo inequivocabile la posizione della Chiesa Cattolica del XXI secolo nei confronti del popolo ebraico, Bergoglio esprime il proprio dolore nel ripensare ai tempi delle persecuzioni contro di esso; un dolore che si acuisce allorché si prende in esame il ruolo dei cristiani in queste persecuzioni, fonte di discriminazione, sofferenza e morte. Nonostante questo passato di incomprensioni, la Chiesa deve accogliere l'idea che Dio continua a operare nel popolo ebraico proprio in virtù del patto di Alleanza, che non è mai venuto meno, tanto che le stesse comunità ebraiche sono state arricchite, nel corso dei secoli, dalla perenne validità di questo patto: perciò la Chiesa, nel coltivare i rapporti con l'ebraismo, viene anch'essa arricchita, senza dover rinunciare o tacere quello che è fondamentale per la tradizione cristiana, cioè la figura di Gesù, Signore e Messia. Nel fare ciò la Chiesa è pienamente consapevole che il mondo ebraico non può accogliere gli aspetti qualificanti della fede cristiana. Eppure «esiste una ricca complementarietà che ci permette di leggere insieme i testi della Bibbia ebraica e aiutarci vicendevolmente a sviscerare le ricchezze della Parola, come pure di condividere molte convinzioni etiche e la comune preoccupazione per la giustizia e lo sviluppo dei popoli». Proprio la prima parte della Bibbia costituisce quindi, per il Papa, una solida base per il dialogo e la cooperazione tra cristiani ed

ebrei, che devono operare insieme nel mondo in nome dei valori
biblici condivisi.

La *Evangelii gaudium* affronta poi il tema del rapporto tra la
Chiesa Cattolica e le religioni del mondo nella prospettiva di un
ulteriore sviluppo del dialogo interreligioso: «Un atteggiamento
di apertura nella verità e nell'amore deve caratterizzare il dialogo
con i credenti delle religioni non cristiane, nonostante i vari ostacoli e le difficoltà, particolarmente i fondamentalismi da ambo le
parti». Per la Chiesa Cattolica il dialogo interreligioso è necessario, soprattutto, per costruire la pace nel mondo: deve quindi
essere un impegno primario che coinvolge non solo i cattolici,
ma anche tutti i cristiani e le altre religioni, che si devono ritrovare insieme per combattere ogni tipo di violenza. Per la Chiesa
Cattolica si tratta di aprirsi agli altri con uno spirito che favorisca
la comprensione degli altri «nel loro differente modo di essere,
di pensare e di esprimersi». Una volta scelto questo modo di costruire il dialogo, i cattolici dovranno lavorare per la giustizia e la
pace attraverso un impegno etico con il quale cambiare la società.
Questo impegno dovrà manifestarsi anche con la promozione
di un processo di purificazione e di arricchimento reciproco che
deve essere guidato dalla ricerca dell'amore per la verità, ricerca
che sta alla base delle religioni. Nel vivere tale dimensione del
dialogo interreligioso, Francesco ricorda che mai la Chiesa deve
abbandonare la sua missione di annunciare il Vangelo: «Un sin-
cretismo conciliante sarebbe in ultima analisi un totalitarismo
di quanti pretendono di conciliare prescindendo da valori che li
trascendono e di cui non sono padroni». Per il Pontefice la Chiesa non ha bisogno di un dialogo fondato sull'assecondare le posizioni diverse, annacquando o tacendo in alcuni aspetti il messaggio cristiano: questo tipo di dialogo non aiuterebbe a risolvere
i problemi e, soprattutto, non sarebbe in linea con il magistero
e la tradizione della Chiesa Cattolica riguardo alla natura e agli
scopi del dialogo interreligioso. Per questo, anche nella *Evangelii
gaudium* viene ribadito che l'evangelizzazione e il dialogo interreligioso non sono due elementi destinati a opporsi, ma vivono

in simbiosi, arricchendosi vicendevolmente, così come ha detto Benedetto XVI in occasione del suo ultimo discorso alla Curia romana – citato da Bergoglio – il 21 dicembre 2012[4].

Nel dialogo interreligioso un posto di rilievo è occupato dai rapporti con l'islam per la presenza di musulmani in tanti paesi di tradizione cristiana. Nell'affrontare il carattere e la necessità del dialogo islamo-cristiano, papa Francesco riporta un passo della *Lumen gentium* proprio sul rapporto tra la Chiesa e i non cristiani: «Il disegno di salvezza abbraccia anche coloro che riconoscono il Creatore, e tra questi in particolare i musulmani, i quali, professando di avere la fede di Abramo, adorano con noi un Dio unico, misericordioso che giudicherà gli uomini nel giorno finale»[5]. Francesco elenca alcune caratteristiche positive dell'islam: la venerazione per le figure di Gesù e Maria, la preghiera quotidiana, la centralità di Dio nella vita dei credenti, l'azione caritativa dei fedeli, l'impegno per l'affermazione dei valori etici. Per sviluppare ulteriormente il dialogo con l'islam la Chiesa deve prestare particolare attenzione ai percorsi formativi di coloro che vengono coinvolti in prima persona in questo dialogo. Al tempo stesso il dialogo deve anche fondarsi sull'accoglienza dei migranti musulmani, così come i cristiani devono essere accolti nei paesi islamici. Su questo punto viene rivolto un appello a questi paesi «affinché assicurino libertà ai cristiani affinché possano celebrare il loro culto e vivere la loro fede, tenendo conto della libertà che i credenti

---

[4] Benedetto XVI, *Presentazione degli auguri natalizi alla Curia romana*, Sala Clementina, Città del Vaticano, 21 dicembre 2012.

[5] *Lumen gentium* 16. Sulla *Lumen gentium*, che è stata ed è oggetto di numerosissimi studi, anche se ne manca una ricostruzione storica dell'iter redazionale, mi piace rimandare a un commento a più voci (edito a pochi mesi dalla sua promulgazione) con i contributi di alcuni tra coloro che l'avevano materialmente redatta: G. Barauna (a cura di), *La Chiesa del Vaticano II. Studi e commenti intorno alla Costituzione dommatica Lumen gentium*. Per una lettura dei documenti del Vaticano II nella prospettiva della promozione del dialogo interreligioso, cfr. G. Canobbio, "Il dialogo interreligioso nei documenti del Vaticano II".

dell'islam godono nei paesi occidentali». Si deve esprimere una ferma condanna di qualunque forma di fondamentalismo violento e di ogni forma di generalizzazione che da esso può nascere, tenendo sempre presente che il «vero islam e un'adeguata interpretazione del Corano si oppongono ad ogni violenza».

Nella riflessione sul valore del dialogo interreligioso la Chiesa Cattolica deve leggere positivamente quanto fatto dalle altre religioni, soprattutto nel combattere l'ateismo e nel superare una religiosità individualistica, cercando di comprendere appieno che lo Spirito «suscita in ogni luogo forme di saggezza pratica che aiutano a sopportare i disagi dell'esistenza e a vivere con più pace e armonia». In questo modo le altre religioni sono di aiuto ai cristiani per cogliere, con sempre maggiore chiarezza, la peculiarità della propria missione nell'annunciare Cristo.

Infine il Papa affronta il tema della libertà religiosa, la cui importanza è stata discussa anche durante il Sinodo, quando molti hanno sottolineato che essa è un diritto fondamentale e che quindi deve essere difeso là dove è messo in discussione. Si tratta di un passaggio particolarmente significativo nella linea dei documenti del Concilio Vaticano II e della sua recezione, poiché lega strettamente quanto detto finora sul dialogo ecumenico e interreligioso alla dimensione di pluralismo della società contemporanea, che vive il rapporto con le religioni «con la pretesa di ridurle al silenzio e all'oscurità della coscienza di ciascuno, o alla marginalità del recinto chiuso delle chiese, delle sinagoghe o delle moschee». Il Pontefice esprime una forte condanna dell'atteggiamento di coloro che semplificano, banalizzano, distorcono le ricchezze delle religioni per i propri fini contingenti, proponendo una lettura astorica dei testi religiosi i quali sovente hanno una loro forza permanente e contengono valori universali, che travalicano il contesto (religioso) nel quale sono stati scritti. In questa lotta per la libertà religiosa, che significa anche difesa della dignità umana, costruzione di una convivenza pacifica e custodia del creato, i cristiani sanno di poter contare anche su coloro che «non riconoscendosi parte di alcuna tradizione religiosa, cercano sinceramente la verità, la bontà e la bellezza, che per noi trovano la loro massima espressione e la loro fonte in Dio». Così come è stato riconosciuto dagli stessi padri sinodali, ha assunto una crescente importanza l'esperienza del "Cortile dei gentili"[6]: essa è diventata realmente occasione per vivere il dialogo tra credenti e non credenti su valori fondamentali per la società presente, in modo da contribuire alla costruzione della pace nel mondo. Per il Papa è quindi importante «esplicitare l'ineludibile dimensione sociale dell'annuncio del Vangelo, per incoraggiare tutti i cristiani a manifestarla sempre nelle loro parole, atteggiamenti e azioni».

In questa parte l'esortazione apostolica configura quindi il dialogo ecumenico all'interno di un orizzonte più ampio che è quello della centralità del dialogo nell'azione missionaria della Chiesa; anche qui è evidente il continuo richiamo al Vaticano II nel suo complesso (più che a un singolo documento) e alla sua recezione, come dimostra la struttura stessa di questa sezione. Tale continuo richiamo, che va ben oltre le citazioni, vuole rafforzare l'idea di quanto il Concilio abbia contribuito a ripensare la categoria del dialogo per consentire alla Chiesa di essere sempre più presente nel mondo, senza che questo significhi il venir meno dell'annuncio e della testimonianza relativi alla sua dottrina. Tra i gesti e le parole di quella stagione tanto proficua un posto privilegiato spetta al dialogo tra Roma e Costantinopoli che, da allora, ha dato molti frutti: ne ha fatto memoria lo stesso papa Francesco in varie occasioni, ricordando il 50° anniversario dell'incontro tra Paolo VI e Atenagora a Gerusalemme nel gennaio 1964.

---

[6] Iniziativa nata su ispirazione del discorso alla Curia romana di Benedetto XVI del 21 dicembre 2009. Il Cortile è uno spazio di incontro che si organizza in diverse città del mondo sotto forma di eventi, teso a favorire il dialogo tra credenti e non credenti su temi diversi (*ndr*).

CapitoloVI

UN ANNIVERSARIO ECUMENICO

Papa Francesco e il patriarca Bartolomeo

Fin dall'inizio, papa Francesco è sembrato voler creare un rapporto particolare con il Patriarca Ecumenico di Costantinopoli, che aveva deciso di prendere parte alle cerimonie per l'inizio del suo pontificato: la presenza del patriarca Bartolomeo è stato un passaggio significativo nei rapporti tra Roma e Costantinopoli i quali, pur tra alti e bassi, sono stati vissuti in un clima di fraternità fin dal tempo dell'abbraccio di Paolo VI e Atenagora a Gerusalemme. Proprio il continuo richiamo a questo incontro è emerso come un elemento centrale nel rapporto tra Francesco e Bartolomeo, come un anniversario da ricordare nella prospettiva di alimentare ulteriormente il cammino ecumenico tra la Chiesa Cattolica e le Chiese Ortodosse[1]. In tale prospettiva si collocano anche alcune iniziative che si sono consolidate negli anni, tanto da creare una tradizione ecumenica; tra queste un posto privilegiato spetta allo scambio di visite in

---

[1] Per un'aggiornata riflessione sullo stato del dialogo tra la Chiesa Cattolica e le Chiese Ortodosse, con particolare attenzione ai lavori della Commissione internazionale per il dialogo, cfr. A. Pacini, "Il dialogo teologico tra Chiesa Cattolica e Chiese Ortodosse tra Sinodalità e Primato"; R. Roberson, "The Joint International Commission for Theological Dialogue between the Catholic Church and the Orthodox Church"; A. Palmieri, "Primato e sinodalità non si escludono. Il dialogo teologico tra cattolici e ortodossi".

occasione della celebrazione della festa dei SS. Pietro e Paolo (29 giugno) e di Sant'Andrea (30 novembre): nel primo caso una delegazione del Patriarcato fa visita al Papa, mentre nel secondo è una delegazione del Pontificio Consiglio per l'unità dei cristiani a recarsi a Costantinopoli.

Il 28 giugno 2013 papa Francesco riceve quindi una delegazione del Patriarcato[2], alla quale rivolge un discorso[3] dove, fin dall'inizio, manifesta la propria gioia: la presenza della delegazione «è il segno del profondo legame che unisce, nella fede, nella speranza e nella carità, la Chiesa di Costantinopoli e la Chiesa di Roma», secondo una tradizione che è iniziata nel 1969 per opera di Paolo VI. Montini ha aperto nuove prospettive al dialogo con il mondo ortodosso, verso il quale mostrava un'attenzione particolare; ne sono testimonianza le parole e i gesti con i quali ha accompagnato i primi passi di tale dialogo[4].

Nel discorso alla delegazione Bergoglio ricorda la partecipazione del patriarca Bartolomeo alle celebrazioni «di inizio del mio ministero di Vescovo di Roma», con la quale si è rafforzato quell'impegno a vivere l'unità della Chiesa che appare un'urgenza per la Chiesa del XXI secolo: in un mondo «affamato ed assetato di verità, di amore, di speranza, di pace e di unità» i cristiani devono essere in grado di annunciare con una sola voce l'Evangelo e di celebrare insieme «i Divini Misteri della nuova vita in

---

[2] La delegazione era guidata da Ioannis Zizioulas, metropolita di Pergamo e co-presidente della Commissione internazionale per il dialogo teologico tra la Chiesa Cattolica e la Chiesa Ortodossa; comprendeva inoltre Athenagoras Peckstadt, vescovo di Sinope, assistente del metropolita del Belgio, e dall'archimandrita Prodromos Xenakis, vice segretario del Santo Sinodo Eparchiale della Chiesa di Creta. La delegazione si è incontrata anche con il Pontificio Consiglio per la promozione dell'unità dei cristiani e ha assistito alla celebrazione eucaristica presieduta dal Papa, il 29 giugno.

[3] Papa Francesco, *Discorso alla delegazione del Patriarcato Ecumenico di Costantinopoli*, Città del Vaticano, 28 giugno 2013.

[4] Su questo punto rinvio al recente e ben documentato P. Mahieu, *Paul VI et les orthodoxes*.

Cristo». Nel cammino ecumenico non va mai dimenticato che l'unità è un dono di Dio per il quale siamo chiamati a pregare ogni giorno; al tempo stesso si devono «preparare le condizioni, coltivare il terreno del cuore, affinché questa straordinaria grazia venga accolta».

Nella ricerca della piena comunione tra cattolici e ortodossi un ruolo rilevante è giocato dalla Commissione mista internazionale per il dialogo teologico, co-presieduta dal cardinale Koch e dal metropolita Zizioulas[5]. La Commissione ha lavorato per molti anni, producendo una serie di documenti, l'ultimo dei quali riguarda il rapporto teologico ed ecclesiologico tra primato e sinodalità[6]. Per il Papa si tratta di un tema particolarmente rilevante, anche perché viene affrontato a partire

---

[5] Ioannis Zizioulas (1931-), impegnato in prima persona nel dialogo tra il Patriarcato e la Chiesa di Roma e in quello intraortodosso, è considerato il più brillante e acuto teologo del mondo ortodosso, soprattutto per i suoi interventi ecclesiologici. Nella sua vasta bibliografia, dove numerosi sono i contributi di teologia ecumenica, segnalo una recente raccolta di scritti: J. Zizioulas, *L'église et ses institutions*.

[6] Si tratta del cosiddetto "Documento di Ravenna" del 2007 che tanto interesse e tante speranze aveva suscitato. I lavori della Commissione mista sono proseguiti in questi anni con una serie di riunioni che hanno messo in evidenza le difficoltà di tradurre nella realtà quanto enunciato nel Documento il quale, pur non avendo valore magisteriale, rappresenta un importante punto di riferimento sullo stato della riflessione ecclesiologica in prospettiva ecumenica tra cattolici e ortodossi. La traduzione italiana del Documento si può leggere in *Il Regno-Documenti*, 52/21 (2007), pp. 708-714. Per due commenti al testo cfr. I. Spiteris, "Il documento di Ravenna: un incontro a metà strada" e R. Giraldo, "Chiesa locale, collegialità e papato". Per il dibattito suscitato dal "Documento di Ravenna" rimando al commento della Commissione cattolico-ortodossa nordamericana che mi sembra abbia colto più di altri il valore e la problematicità del testo per il dialogo ecumenico: "Risposta al Documento di Ravenna (2009)", in *Il Regno-Documenti*, 55/5 (2010), pp. 188-192. Di recente anche la Chiesa Ortodossa russa si è pronunciata in merito: Santo Sinodo della Chiesa Ortodossa Russa, "Contrasti sul primato nella Chiesa universale" (questo intervento, più che a commento del "Documento di Ravenna", va letto come una tappa delle «fraterne relazioni» tra Costantinopoli e Mosca).

da ciò che è condiviso dalle varie tradizioni senza omettere le diverse letture e interpretazioni che ancora dividono cattolici e ortodossi su questo punto. Il lavoro della Commissione non è «un mero esercizio teorico» ma è una strada privilegiata per promuovere una sempre migliore conoscenza delle reciproche tradizioni, così da favorirne una comprensione delle peculiarità. Il Pontefice dice esplicitamente di riferirsi al rilievo della riflessione in atto sulla collegialità episcopale nella Chiesa Cattolica e sulla dimensione della sinodalità nelle Chiese Ortodosse, esprimendo la fondata speranza che questo lavoro, «così complesso e laborioso», sappia dare dei frutti sulla strada verso l'unità che le due Chiese stanno percorrendo insieme; in questo cammino, esse condividono l'idea che il dialogo ecumenico non sia una scorciatoia per definire un minimalismo teologico di compromesso, ma sia un percorso nel quale approfondire «l'unica verità che Cristo ha donato alla sua Chiesa e che non cessiamo mai di comprendere meglio mossi dallo Spirito Santo». Una volta riconosciuta la profonda condivisione che esiste su questa posizione, papa Francesco esorta cattolici e ortodossi a non avere paura dell'incontro e del dialogo: questi infatti non allontanano le comunità dalla verità, ma al contrario le conducono sempre ad essa grazie all'aiuto dello Spirito, che favorisce quello scambio di doni che è una tappa fondamentale nella creazione della comunione.

Sull'importanza del dialogo tra cattolici e ortodossi Francesco torna nel messaggio indirizzato al cardinale Koch[7] in occasione del XIII Simposio intercristiano, promosso congiuntamente dall'Istituto Francescano di Spiritualità della Pontificia

---

[7] PAPA FRANCESCO, *Messaggio al Venerato Fratello il Signor Cardinale Kurt Koch, presidente del Pontificio Consiglio per la Promozione dell'Unità dei Cristiani in occasione del XIII Simposio Intercristiano (Milano, 28-30 agosto 2013)*, Città del Vaticano, 19 agosto 2013.

Università Antonianum e dal Dipartimento di Teologia della Facoltà Teologica Ortodossa dell'Università Aristoteles di Salonicco, «con lo scopo di approfondire la conoscenza delle tradizioni teologiche e spirituali di Oriente e di Occidente e di coltivare relazioni fraterne di amicizia e di studio tra i membri delle due istituzioni accademiche». Il convegno, dal titolo "La vita dei cristiani e il potere civile. Questioni storiche e prospettive attuali in Oriente e Occidente", faceva parte delle iniziative per il 1700° anniversario dell'Editto di Milano, affrontando un tema particolarmente rilevante per la comprensione delle dinamiche tra il mondo cristiano e la società civile. Oltre al tema, è importante anche il luogo dove si è tenuto il convegno, cioè Milano, una città che ha una lunga storia di incontri ecumenici (pochi mesi prima aveva ricevuto la visita del patriarca Bartolomeo[8]). Il simposio è stato anche l'occasione per comprendere come il rapporto tra Chiesa e Stato si sia sviluppato in modo assai diverso in Oriente e in Occidente, anche se comune è rimasta «la convinzione che il potere civile trova il suo limite di fronte alla legge di Dio, la rivendicazione del giusto spazio di autonomia per la coscienza, la consapevolezza che l'autorità ecclesiastica e il potere civile sono chiamati a collaborare per il bene integrale della comunità umana».

Il 25 novembre papa Bergoglio scrive un messaggio per l'imminente festa di Sant'Andrea[9] e lo affida al cardinale Koch, che

---

[8] Bartolomeo compie una visita a Milano, ospite del cardinale Angelo Scola, nei giorni 14-16 maggio 2013; questa visita, che era stata pensata all'interno delle celebrazioni ecumeniche per il 1700° anniversario dell'Edito di Milano, era stata inizialmente prevista per il 20-21 marzo ma le dimissioni di Benedetto XVI e la convocazione del conclave ne avevano provocato il rinvio. Per i discorsi del patriarca Bartolomeo e del cardinale Scola cfr. Bartolomeo, A. Scola, *Chiese in dialogo. Per la vita buona delle nostre città.*

[9] Papa Francesco, *Messaggio a Sua Santità Bartolomeo I, arcivescovo di Costantinopoli, patriarca ecumenico*, Città del Vaticano, 25 novembre 2013.

guida la delegazione pontificia[10] in partenza per Costantinopoli
per essere presente alle celebrazioni ortodosse. Il messaggio, che
si apre con una citazione dalla lettera agli Efesini (6,23), ricorda
la gioia con la quale è stata accolta la delegazione del Patriarcato
in occasione della festa dei SS. Pietro e Paolo: è la stessa gioia
che guida ora la delegazione cattolica in partenza. È la prima
volta che il Papa si rivolge al Patriarca in occasione della festa
di Sant'Andrea e questo messaggio gli offre l'opportunità per
riaffermare la sua intenzione «di perseguire relazioni fraterne
tra la Chiesa di Roma e il Patriarcato Ecumenico». Si tratta di
riflettere sulla natura e sul valore di questi legami fraterni, che
sono il risultato di un lungo cammino, guidato dal Signore e
iniziato con l'incontro a Gerusalemme tra Paolo VI e Atenagora
(gennaio 1964), del quale ricorre il 50° anniversario: Francesco
sottolinea quanto sia importante conservare la memoria dei passi compiuti dal dialogo ecumenico, che ha alle spalle decenni di
incontri dopo secoli di silenzio e di polemiche.

Nonostante il ricordo di quanto Paolo VI e Atenagora hanno
fatto, per il Papa è importante che cattolici e ortodossi abbiano
sempre ben presente che il cammino ecumenico, che li ha portati a dialogare, a conoscersi sempre meglio, a considerarsi membri della stessa famiglia, è stato possibile grazie all'azione di Dio,
«fonte di ogni pace e amore»: il Signore è intervenuto nella vita
delle comunità, sollecitandole a superare le divisioni. I cristiani
appartengono a Dio «attraverso il dono della buona novella della salvezza trasmessa dagli apostoli, attraverso l'unico battesimo

---

[10] Oltre al cardinale Koch, la delegazione è composta da mons. Brian Farrell e da mons. Andrea Palmieri, rispettivamente segretario e sottosegretario
del Pontificio Consiglio per l'unità dei cristiani; a loro si unisce anche mons.
Antonio Lucibello, nunzio apostolico in Turchia. La delegazione prende parte
alla liturgia presieduta da Bartolomeo I, ha un incontro con lui e con la Commissione del Sinodo incaricata delle relazioni con Roma; compie inoltre una
visita a Halchi, alla Scuola di Teologia del Patriarcato, chiusa nel 1971 dal
governo turco e della quale si parla di una possibile, prossima riapertura.

nel nome della Santa Trinità e attraverso il sacro ministero»: cattolici e ortodossi sono quindi già uniti in Cristo nel momento in cui sperimentano la gioia di essere e di sentirsi fratelli in Lui alla luce della condivisione di questo patrimonio spirituale e teologico, senza per questo dimenticare le questioni ancora aperte che impediscono loro di vivere la piena comunione. I cristiani sono chiamati a prepararsi quotidianamente «attraverso la preghiera, la conversione interiore, il rinnovamento di vita e il dialogo fraterno» al momento nel quale potranno finalmente partecipare insieme alla celebrazione eucaristica; proprio la non-condivisione di quest'ultima costituisce una ferita aperta nel cammino di comunione. Il desiderio di celebrare insieme l'eucaristia assume quindi un significato particolarmente rilevante per manifestare ancora di più e ancora meglio la volontà di cattolici e ortodossi di vivere l'unità visibile della Chiesa.

In un giorno di così grande gioia quale è la festa dell'apostolo Andrea, il Santo Padre raccomanda di non dimenticare coloro che vivono nella sofferenza a causa della violenza, della guerra, della fame, della povertà e dei disastri naturali. Egli ha sempre presente nella sua mente quanto il Patriarca viva «la profonda preoccupazione per la situazione dei cristiani in Medio Oriente e per il loro diritto di rimanere nella loro patria». Di fronte a questa situazione di sofferenza, così acuta in Medio Oriente, invita a far ricorso al dialogo, al perdono e alla riconciliazione quali unici strumenti in grado di porre fine ai conflitti. Per perseguire questo comune intento ecumenico ci si deve affidare alla preghiera, continuando «a lavorare per la riconciliazione e il giusto riconoscimento dei diritti delle persone».

Il martirio dell'apostolo Andrea rappresenta una strada privilegiata per ricordare quanti cristiani, anche nei tempi presenti, vivono nella discriminazione e soffrono per la loro fede in Cristo, talvolta fino alla morte. Il 2013 è stato l'anno nel quale si è fatta memoria dell'Editto di Costantino «che ha posto fine alla persecuzione religiosa nell'Impero Romano, sia in Oriente sia in Occidente, e ha aperto nuovi canali per la diffusione del

Vangelo». Anche alla luce di questo anniversario, papa Francesco pensa che sia urgente ricercare una cooperazione più intensa e coinvolgente tra i cristiani in modo da «salvaguardare ovunque il diritto di esprimere pubblicamente la propria fede e di essere trattati con equità quando promuovono il contributo che il cristianesimo continua a offrire alla società e alla cultura contemporanea».

Il Pontefice conclude il suo messaggio con l'invocazione di una comune preghiera e con un fraterno abbraccio di pace, che richiama alla memoria l'abbraccio tra Paolo VI e Atenagora: la sua immagine fece il giro del mondo, mostrando a tutti, soprattutto ai padri conciliari – ancora intenti a discutere forma e contenuto dello schema *De oecumenismo* –, come attraverso di esso si fosse conclusa una stagione e se ne aprisse un'altra.

Poche settimane dopo la visita della delegazione pontificia a Costantinopoli, il 5 gennaio 2014 papa Francesco comunica la sua decisione di compiere un pellegrinaggio in Terra Santa proprio per celebrare il 50° anniversario di quello storico incontro[11]. L'annuncio del pellegrinaggio e del suo carattere ecumenico costituiscono così un'ulteriore significativa tappa del dialogo tra Roma e Costantinopoli, aprendo di fatto nuove prospettive ai rapporti tra la Chiesa Cattolica e il mondo ortodosso, che appare in grande movimento (per il 2016 è stato convocato il Sinodo Panortodosso, atteso e invocato da anni[12]).

Lo stato del dialogo tra Roma e Costantinopoli rinvia inevitabilmente ai rapporti tra Roma e Mosca, tenuto conto non solo del rilievo che questi hanno per il dialogo ecumenico, ma anche

---

[11] Del pellegrinaggio in Terra Santa di papa Francesco e della sua valenza ecumenica parleremo nell'ultimo capitolo.

[12] La decisione di convocare a Istanbul il Sinodo per l'ottobre del 2016 è stata presa al termine della Sinaxis, l'incontro di tutti i capi delle Chiese Ortodosse convocato da Bartolomeo I (Istanbul, 6-9 marzo 2014); sulle attese e le speranze per la celebrazione del Sinodo, cfr. A. ARJAKOVSKY, *En attendant le Concile de l'Église Orthodoxe*.

delle ripetute occasioni di tensione tra Costantinopoli e Mosca. Per quanto è dato conoscere, le relazioni tra Roma e la Russia hanno seguito altre strade, nelle quali un peso non secondario hanno avuto i legami tra la Santa Sede e il presidente Putin, che hanno conosciuto alterne vicende[13].

L'11 novembre 2013 Francesco riceve in udienza privata, a Santa Marta, il metropolita Hilariòn di Volokolamsk[14], presi-

---

[13] Il 25 novembre 2013 papa Francesco riceve in udienza il presidente Putin; questa udienza avviene in un momento nel quale, come si legge nel comunicato stampa, «si è espresso compiacimento per i buoni rapporti bilaterali e ci si è soffermati su alcune questioni di interesse comune, in modo particolare sulla vita della comunità cattolica in Russia, rilevando il contributo fondamentale del cristianesimo nella società. In tale contesto, si è fatto cenno alla situazione critica dei cristiani in alcune regioni del mondo, nonché alla difesa e alla promozione dei valori riguardanti la dignità della persona, e la tutela della vita umana e della famiglia». Nelle settimane precedenti Putin aveva espresso appoggio alla posizione del Papa sulla Siria, condannando il ricorso alle armi chimiche ed esprimendo la propria opposizione a qualunque intervento militare esterno. Nei mesi seguenti, soprattutto per il precipitare della situazione in Ucraina e per la linea adottata da Putin, i rapporti sembrano essersi raffreddati: Francesco infatti ha invocato a più riprese la pace per l'Ucraina e in Ucraina, contro ogni tentativo di militarizzazione della crisi.

Sui rapporti tra la Chiesa Ortodossa Russa e il presidente Putin e, più in generale, sul ruolo della Chiesa nella società contemporanea, si può vedere l'interessante raccolta di saggi che cercano di fornire chiavi di lettura per comprendere la posizione del Patriarcato di Mosca: K. TOLSTAYA (ed.), *Orthodox Paradoxes. Heterogeneities and Complexities in Contemporary Russian Orthodoxy*.

[14] Hilarion Alfeev (1966-) ha studiato a Vilnius, Mosca, Oxford e infine a Parigi, coltivando sempre la passione per la musica. Dal 1995 al 2001 è stato segretario per gli affari intercristiani del Dipartimento delle relazioni esterne del Patriarcato di Mosca. Nel 2003 è stato nominato vescovo di Vienna e Austria per poi assumere contemporaneamente la carica di amministratore *pro tempore* della diocesi di Budapest e di rappresentante del Patriarcato di Mosca presso le istituzioni europee. Il 31 marzo 2009 viene nominato vescovo di Volokolamsk e presidente del Dipartimento delle relazioni esterne del Patriarcato di Mosca. È stato uno dei redattori del "Documento di Ravenna". Per una riflessione di Hilarion sul cammino ecumenico, cfr. ILARION DI VOLOKOLAMSK, "Lo stato attuale delle relazione ortodosso-cattoliche".

dente del Dipartimento per le relazioni ecclesiastiche esterne del Patriarcato di Mosca, giunto a Roma per presiedere il "Concerto per la pace" e per una serie di incontri pubblici e privati con esponenti della Chiesa Cattolica (in particolare con il Pontificio Consiglio per l'unità dei cristiani), con i quali sono proseguiti i contatti ufficiali nelle settimane successive[15].

Il 2 aprile 2014, al termine dell'udienza generale del mercoledì, papa Francesco incontra una delegazione del Dipartimento per le relazioni ecclesiastiche esterne del Patriarcato di Mosca, in visita a Roma[16]; la delegazione, composta dallo ieromonaco Stefan Igumnov (nuovo responsabile del Segretariato per le relazioni intercristiane) e dal padre Aleksij Dikarev (membro dello stesso Segretariato), rivolge solo poche parole al Pontefice per portargli il saluto della Chiesa Ortodossa russa, a pochi giorni dalla lettera del patriarca Kirill a Francesco in occasione del primo anniversario della sua elezione[17]; da entrambe le parti, inoltre, è stata sottolineata l'importanza di mantenere e sviluppare le relazioni bilaterali tra il Patriarcato di Mosca e la Santa Sede. Si tratta di un incontro breve che tuttavia assume un significato che va oltre la dimensione del dialogo ecumenico, avvenendo in un momento di particolare tensione per le

---

[15] Dal 14 al 19 dicembre 2013, il cardinale Koch compie una visita a Mosca, dove incontra il patriarca Kirill e il metropolita Hilarion, oltre a partecipare a una serie di conferenze sullo stato del dialogo cattolico-ortodosso e sulla recezione della dimensione ecumenica del Concilio Vaticano II.

[16] Nel corso della visita (30 marzo-4 aprile 2014), la delegazione incontra il cardinale Koch, mons. Vincenzo Paglia, presidente del Pontificio Consiglio per la famiglia, mons. Carlos Azevedo del Pontificio Consiglio della cultura, e la Comunità di Sant'Egidio. Negli incontri si parla di programmi e di progetti di cooperazione tra le due Chiese, soprattutto in campo sociale e culturale. Il 2 aprile, nella chiesa di Santa Caterina Megalomartire, la delegazione ha preso parte a una liturgia presieduta dall'archimandrita Antonij Sevryuk, segretario per le parrocchie ortodosse russe in Italia.

[17] La lettera del patriarca Kirill si può leggere, in traduzione italiana, sulla pagina web del Patriarcato: https://mospat.ru/it/

vicende legate alla crisi in Ucraina, per la soluzione del quale papa Francesco rivolge un invito alla preghiera. Le numerose preghiere organizzate con il concorso di tanti cristiani mostrano quanto l'appello del Pontefice sia stato raccolto proprio in una prospettiva ecumenica.

Capitolo VII

AFFIDARSI A CRISTO UNO

La Settimana di preghiera per l'unità dei cristiani

La celebrazione della Settimana di preghiera per l'unità dei cristiani, dal 18 al 25 gennaio, per papa Francesco ha una sorta di anteprima il giorno 17, allorché il Papa riceve una delegazione ecumenica della Finlandia[1]; la delegazione, che si trova a Roma per un pellegrinaggio in occasione della festa di Sant'Enrico, prosegue così una tradizione più che venticinquennale inaugurata da Giovanni Paolo II. Nell'udienza il Pontefice commenta il passo della prima lettera ai Corinzi che è stato scelto per l'edizione 2014 della Settimana di preghiera: la domanda di Paolo alla comunità di Corinto («Cristo è stato forse diviso?») viene ora rivolta ai cristiani del XXI secolo, invitati a non abbandonare l'impegno per la costruzione dell'unità visibile della Chiesa, nonostante le «voci» che la dichiarano irraggiungibile. Per papa Francesco si deve invece proseguire nel cammino ecumenico per una fedeltà alla Parola di Dio, tanto più nel tempo presente quando anche tale cammino «e le relazioni tra i cristiani stanno attraversando significativi cambiamenti, dovuti in primo luogo al fatto che ci troviamo a professare la nostra fede nel contesto di società e culture dove è sempre meno presente il

---

[1] Papa Francesco, *Discorso alla delegazione ecumenica della Finlandia in occasione della festa di Sant'Enrico*, Città del Vaticano, 17 gennaio 2014.

riferimento a Dio e a tutto ciò che richiama la dimensione tra-
scendente della vita». In questo contesto, soprattutto in Europa,
i cristiani devono testimoniare insieme la Buona Novella, rafforzando così l'ecumenismo spirituale, sul quale insiste tanto il
Concilio Vaticano II (nel decreto *Unitatis redintegratio*) quando
parla della conversione del cuore, della santità di vita, delle preghiere pubbliche e private che i fedeli a Cristo possono e devono
condividere. Per il Papa l'ecumenismo è «un processo spirituale,
che si realizza nell'obbedienza fedele al Padre, nel compimento
della volontà di Cristo e sotto la guida dello Spirito Santo».

Domenica 19 gennaio 2014, nella Giornata Mondiale del
Migrante e del Rifugiato dedicata al tema "Migranti e rifugiati:
verso un mondo migliore", Francesco tocca indirettamente il
tema dell'unità nella sua riflessione all'Angelus, commentando
l'incontro tra Gesù e Giovanni Battista[2] (Gv 1,29-34): si tratta
di un racconto fatto da un «testimone oculare, Giovanni Evan-
gelista, che prima di essere discepolo di Gesù era discepolo del
Battista, insieme col fratello Giacomo, con Simone e Andrea,
tutti della Galilea, tutti pescatori». Nella sua esegesi del bra-
no evangelico il Papa sottolinea, tra l'altro, l'uso del termine
"agnello", così frequentemente accostato a Gesù nel Nuovo Testamento quando si parla della salvezza: «La massa enorme del
male viene tolta e portata via da una creatura debole e fragile,
simbolo di obbedienza, docilità e di amore indifeso, che arriva
fino al sacrificio di sé. L'agnello non è un dominatore, ma è
docile; non è aggressivo, ma pacifico; non mostra gli artigli o i
denti di fronte a qualsiasi attacco, ma sopporta ed è remissivo.
E così è Gesù! Così è Gesù, come un agnello». Cosa significa
essere discepoli dell'Agnello di Dio nel XXI secolo? Significa
vivere con uno stile di testimonianza e di vita evangelica, che

---

[2] PAPA FRANCESCO, *Angelus*, Piazza San Pietro, Città del Vaticano, 19 gennaio 2014.

deve condurre i cristiani ad annunciare la Buona Novella, ma non nella prospettiva «di una cittadella assediata ma di una città posta sul monte, aperta, accogliente, solidale». Si tratta di vivere il Vangelo così da mostrare come il seguire Gesù renda più liberi e più gioiosi gli uomini e le donne che lo mettono al centro della propria vita. Dopo l'Angelus il Papa si sofferma sul tema della Giornata dei Migranti: la dimensione dell'accoglienza dell'altro deve essere centrale nella vita dei cristiani.

Il 22 gennaio, nel corso dell'udienza generale del mercoledì, Bergoglio torna a parlare della Settimana di preghiera, «un'iniziativa spirituale, quanto mai preziosa, che coinvolge le comunità cristiane da più di cento anni»[3]. Presentando brevemente la Settimana, ricorda che si tratta di un tempo «dedicato alla preghiera per l'unità di tutti i battezzati, secondo la volontà di Cristo: "Che tutti siano una sola cosa" (Gv 17,21)». Il Consiglio Ecumenico delle Chiese e il Pontificio Consiglio per la promozione dell'unità dei cristiani scelgono insieme un tema, ogni anno, affidando poi a un gruppo di cristiani di un paese la preparazione di un sussidio che aiuti a comprendere le ricchezze del passo biblico scelto e a conoscere meglio la realtà ecumenica del paese di turno. Nel 2014 il passo è tratto dalla prima lettera ai Corinzi (1 Cor 1,13: «È forse diviso il Cristo?»), mentre il sussidio è stato preparato dalle Chiese e comunità ecclesiali del Canada.

Proprio il passo della lettera ai Corinzi è un invito a riflettere su come Cristo non possa in alcun modo essere diviso, nonostante le comunità cristiane continuino a vivere separate: la lettera mostra chiaramente che lo scandalo delle divisioni era presente anche al tempo di Paolo e che l'Apostolo delle genti lo combatteva invitando a riconoscere in Cristo la fonte della comunione. Secondo papa Francesco il Battesimo e la Croce sono

---

[3] Papa Francesco, *Udienza generale*, Piazza San Pietro, Città del Vaticano, 22 gennaio 2014.

gli elementi condivisi da tutti i cristiani, i quali sono indeboliti nella loro missione evangelizzatrice proprio dalle separazioni che rischiano addirittura di svuotare la Croce della sua forza. Paolo biasima la comunità cristiana di Corinto per le divisioni interne, ma al tempo stesso la esorta a considerare i doni del Signore: queste parole devono guidare i cristiani nel cammino ecumenico, dal momento che sono un invito a non fermarsi di fronte agli ostacoli, ma piuttosto a ringraziare il Signore per i doni presenti in tutte le comunità, riconoscendo così l'esistenza di ricchezze anche negli altri. Le parole di Paolo ci esortano a rallegrarci per quanto il Signore ha fatto e continua a fare in ogni comunità: «È bello riconoscere la grazia con cui Dio ci benedice e, ancora di più, trovare in altri cristiani qualcosa di cui abbiamo bisogno, qualcosa che potremmo ricevere come un dono dai nostri fratelli e dalle nostre sorelle». In questa direzione si è mosso il gruppo di cristiani canadesi che ha redatto il sussidio per la Settimana di preghiera del 2014: esso ha invitato i cristiani a non pensare a ciò che potrebbero dare ai loro vicini, ma a favorire, in ogni modo, le occasioni di incontro e di dialogo per comprendere che cosa le singole comunità possono ricevere dalle altre. Porsi nella prospettiva indicata dai cristiani canadesi, sull'esempio di Paolo, significa percorrere una strada che «richiede molta preghiera, richiede umiltà, richiede riflessione e continua conversione».

Al termine dell'udienza, come di consueto, si hanno i saluti ai gruppi presenti. In questo caso si tratta di saluti ecumenici: Francesco si rivolge a un gruppo di pellegrini francofoni invitandoli «a pregare per l'unità dei battezzati e ad accogliere da parte degli altri cristiani ciò che possiamo ricevere come un dono»; esprime una gioia particolare per la presenza di una delegazione dell'Istituto di Studi Ecumenici di Bossey[4], formulando l'augurio che i loro studi

---

[4] L'Istituto Ecumenico di Bossey, fondato nel 1946 nei pressi di Ginevra, fa parte del Consiglio Ecumenico delle Chiese, che vi promuove percorsi e incontri di formazione in campo ecumenico e interreligioso.

possano promuovere ulteriormente il dialogo ecumenico; rivolge l'invito a una preghiera per l'unità ai pellegrini tedeschi, spagnoli, messicani, sudamericani, portoghesi e polacchi; dedica alcune parole a un gruppo di cristiani provenienti dall'Egitto, ricordando loro che la fede non deve essere «un motivo di divisione ma uno strumento di unità e di comunione con Dio e con i fratelli». La preghiera deve essere una via per aprire il cuore di ogni credente all'amore con il quale si possono superare le divisioni e costruire l'unità. Per il Papa è fondamentale vivere nell'accoglienza dell'altro, considerando le differenze una ricchezza.

Infine, un appello a favore della Conferenza internazionale a sostegno della pace in Siria che si sarebbe aperta lo stesso 19 gennaio a Montreux, in Svizzera: per la realizzazione della pace è necessario il contributo di tutti, così da iniziare «un cammino deciso di riconciliazione, di concordia e di ricostruzione con la partecipazione di tutti i cittadini, dove ognuno possa trovare nell'altro non un nemico, non un concorrente, ma un fratello da accogliere a da abbracciare».

A conclusione della Settimana di preghiera per l'unità dei cristiani, il 25 gennaio, nella Basilica di San Paolo fuori le Mura il Santo Padre presiede i vespri in occasione di una cerimonia alla quale prendono parte rappresentanti delle Chiese e delle comunità ecclesiali, secondo una tradizione che si è venuta consolidando negli ultimi anni. Il Papa pronuncia un'omelia[5] a commento del passo della prima lettera ai Corinzi scelto per guidare la Settimana di preghiera. Anche in questo caso, così come era avvenuto nell'udienza generale del mercoledì, Francesco sottolinea «la grande tristezza» di Paolo nello scrivere delle divisioni che caratterizzano la comunità di Corinto; per l'apostolo neanche coloro che dicono di essere di Cristo sono un motivo di gioia poiché

---

[5] PAPA FRANCESCO, *Omelia per la celebrazione dei vespri nella solennità della conversione di San Paolo Apostolo*, Basilica di San Paolo fuori le Mura, 25 gennaio 2014.

nelle loro parole Paolo coglie il desiderio di differenziarsi dagli
altri membri della comunità, trasformando così l'appartenenza a
Cristo in un elemento di divisione: «In altre parole, l'esperienza
particolare di ciascuno, il riferimento ad alcune persone significative della comunità, diventano il metro di giudizio della fede
degli altri». Di fronte a queste divisioni Paolo non si rassegna ma
richiama la comunità a ricercare l'unità per vivere la comunione,
che non può essere «frutto di strategie umane». Su questo punto il
Papa si sofferma per ricordare che «la perfetta unione tra i fratelli
è possibile solo in riferimento al pensiero e ai sentimenti di Cristo (cfr. Fil 2,5)», che è quindi il fondamento ultimo della comunione tra cristiani di tradizioni diverse. Proprio la Settimana di
preghiera deve aiutare le comunità a sentire che «Cristo, che non
può essere diviso, vuole attirarci a sé, verso i sentimenti del suo
cuore, verso il suo totale e confidente abbandono nelle mani del
Padre, verso il suo radicale svuotarsi per amore dell'umanità. Solo
Lui può essere il principio, la causa, il motore della nostra unità».

Per questo il Pontefice invita a porsi di fronte a Cristo per
comprendere come le separazioni tra cristiani non possono in
alcun modo essere considerate come qualcosa di naturale, di inevitabile, così come avviene per qualunque associazione: la Chiesa
non è un'associazione, è il corpo di Cristo che viene ferito proprio dalle divisioni che indeboliscono il messaggio salvifico che
i cristiani sono chiamati ad annunciare e a vivere nel mondo. Su
questo punto il Concilio Vaticano II, nel decreto *Unitatis rediten-
gratio*, è stato chiarissimo; infatti, richiamando proprio la lettera
ai Corinzi, afferma: «Da Cristo Signore la Chiesa è stata fondata una e unica, eppure molte comunioni cristiane propongono
se stesse agli uomini come la vera eredità di Gesù Cristo. Tutti
invero asseriscono di essere discepoli del Signore, ma hanno opi-
nioni diverse e camminano per vie diverse, come se Cristo stesso
fosse diviso». Le divisioni sono quindi chiaramente contrarie alla
volontà di Cristo e sono al tempo stesso scandalo per il mondo,
indebolendo la missione della Chiesa, cioè la predicazione della
Buona Novella a tutte le creature. Quanto detto dal Vaticano

Il non riguarda solo la Chiesa Cattolica: «Tutti noi siamo stati danneggiati dalle divisioni. Tutti noi non vogliamo diventare uno scandalo». Per questo i cristiani hanno cominciato a camminare insieme, fraternamente, condividendo la strada verso l'unità visibile; in questo cammino sono guidati dallo Spirito Santo che opera in modo straordinario tanto da indicare una strada che conduce a una forma singolare di unità, «la diversità riconciliata» alla quale tutti sono chiamati a prendere parte.

La prima lettera ai Corinzi offre dunque una certezza sulla quale costruire un altro pezzo del percorso ecumenico: «Cristo non può essere diviso! Questa certezza deve incoraggiarci e sostenerci a proseguire con umiltà e con fiducia nel cammino verso il ristabilimento della piena unità visibile tra tutti i credenti in Cristo». A questo punto il Papa introduce una riflessione su Giovanni XXIII e Giovanni Paolo II: essi hanno maturato l'idea dell'importanza «dell'urgenza della causa dell'unità» attraverso una serie di esperienze che hanno segnato la loro vita e che sono state fondamentali nel momento in cui, eletti papi, si sono impegnati nella promozione di una partecipazione sempre più attiva della Chiesa Cattolica nel cammino ecumenico. Lo hanno fatto in forme diverse: «Papa Giovanni aprendo vie nuove e prima quasi impensate, papa Giovanni Paolo proponendo il dialogo ecumenico come dimensione ordinaria ed imprescindibile della vita di ogni Chiesa particolare». I due pontefici devono essere però letti insieme a Paolo VI, che ha giocato un ruolo da protagonista. L'opera di Giovanni XXIII, Paolo VI e Giovanni Paolo II è stata importante perché ha favorito non solo la promozione del dialogo ecumenico, ma soprattutto la riflessione sulla dimensione ecumenica del ministero del vescovo di Roma, «tanto che oggi non si comprenderebbe pienamente il servizio petrino senza includervi questa apertura al dialogo con tutti i credenti in Cristo». Per Francesco proprio questa riflessione ha consentito un approfondimento della natura del ministero del successore di Pietro, e sicuramente il dialogo in corso permetterà di procedere in questa direzione. Non si può che esprimere un profondo ringraziamento al Signore per i passi compiuti dai cristiani, anche se non vanno dimenticate le questioni ancora aperte; di fronte alle difficoltà odierne, un invito è rivolto a tutti i cristiani: pregare insieme così da chiedere «di poter essere tutti rivestiti dei sentimenti di Cristo, per poter camminare verso l'unità da lui voluta. E camminare insieme è già fare unità!».

A questo punto il Papa rivolge un saluto fraterno «ai rappresentanti delle diverse Chiese e Comunità ecclesiali» che sono presenti, in particolare al metropolita Gennadios Zervos[6] del Patriarcato Ecumenico, e al reverendo David Moxon, rappresentante a Roma dell'arcivescovo di Canterbury; insieme a loro papa Francesco racconta di aver pregato sul sepolcro di Paolo: «Preghiamo perché lui ci aiuti in questa strada, in questa strada dell'unità, dell'amore, facendo strada di unità». La preghiera è necessaria per sostenere il cammino ecumenico che conduce all'unità, da costruirsi giorno per giorno: infatti l'unità «non verrà come un miracolo alla fine: l'unità viene nel cammino, la fa lo Spirito Santo nel cammino». Per questo i cristiani devono camminare insieme, devono pregare gli per gli altri, devono operare insieme nel mondo: solo così ci sarà l'unità.

L'omelia termina con un invito ai «cari fratelli e sorelle» a pregare il Signore, che ha reso tutti i cristiani «membra vive del suo Corpo, affinché ci mantenga profondamente uniti a Lui». Il Signore potrà aiutare i cristiani a superare i conflitti, le divisioni, gli egoismi: nonostante tutti questi limiti dobbiamo infatti ricordare che «l'unità è sempre superiore al conflitto!». I cristiani devono riconoscere che è l'amore, riversato nei cuori degli uomini dallo Spirito Santo, la forza che dà l'unità.

---

[6] Gennadios Zervos (1937-), ordinato diacono il 16 aprile 1960 e presbitero il 28 aprile 1963, dopo essere stato eletto vescovo di Cratea con sede a Napoli il 26 novembre 1970, il 26 agosto 1996 è stato eletto metropolita della Sacra Arcidiocesi Ortodossa d'Italia, Malta e San Marino ed esarca dell'Europa meridionale del Patriarcato Ecumenico di Costantinopoli, con sede a Venezia.

Capitolo VIII

UN'ANIMATA PRIMAVERA

Parole e incontri ecumenici

L'annuncio del pellegrinaggio in Terra Santa e la celebrazione della Settimana di preghiera per l'unità dei cristiani costituiscono due passaggi nei quali, con maggiore evidenza, papa Francesco indica gli elementi che egli ritiene fondamentali per il superamento delle divisioni tra cristiani: la preghiera quotidiana, l'accoglienza dell'altro e dei suoi doni, il riconoscimento di cosa già unisce, la costruzione della pace sono quindi passi necessari per proseguire il cammino ecumenico. Sull'importanza di quest'ultimo per la vita e la missione della Chiesa, il Papa torna nei mesi che precedono il suo pellegrinaggio in Terra Santa, con una serie di interventi che toccano vari ambiti: si delinea così una sorta di "primavera ecumenica", carica di gesti per il presente e di speranze per il futuro.

Il 13 febbraio 2014 Bergoglio torna a parlare dell'unità della Chiesa in occasione della visita *ad limina* dei vescovi della Bulgaria[1]. Il suo invito a proseguire la collaborazione con il mondo ortodosso giunge alla fine di un discorso che si apre con la presentazione delle principali iniziative scientifico-pastorali che mostrano «la vitalità della fede cattolica» in Bulgaria. Nonostante le comunità di rito latino e di rito greco siano una mino-

---

[1] Papa Francesco, *Discorso ai presuli della Conferenza episcopale di Bulgaria in visita "ad limina apostolorum"*, Città del Vaticano, 13 febbraio 2014.

ranza in questo paese, esse «portano avanti con impegno la loro
missione di testimonianza sia dei valori morali naturali, sia del
Vangelo di Cristo, in una società segnata dai tanti vuoti spirituali lasciati dietro di sé dal passato regime ateo o dalla ricezio-
ne acritica di modelli culturali in cui prevalgono le suggestioni
di un certo materialismo pratico». La Chiesa Cattolica bulgara
deve continuare la sua opera missionaria, che richiede una conversione spirituale e pastorale che aiuta a comprendere come si
è missionari in forza del battesimo. L'azione missionaria della
Chiesa comprende anche una dimensione sociale, cioè deve promuovere, alla luce di quanto viene indicato dalla dottrina sociale
della Chiesa, il superamento della povertà, la realizzazione del
bene comune e la costruzione della pace. Le comunità cattoliche
in Bulgaria «vivono ed operano a fianco di quelle della Chiesa
Ortodossa bulgara»: per questo il Papa chiede di portare il suo
personale saluto al patriarca Neofit[2], che il 24 febbraio avrebbe
festeggiato il primo anniversario della sua elezione. Francesco
invita anche i cattolici della Bulgaria «caldamente a proseguire
negli sforzi per promuovere un dialogo sempre più intenso e
fraterno con la Chiesa Ortodossa». Proprio nell'ascolto condiviso della Parola di Dio, si augura che si possano aprire le menti
e i cuori di tutti i cristiani in Bulgaria, così da poter giungere
alla celebrazione comune dell'eucaristia: questa sarebbe il segno più evidente che i cristiani stanno compiendo quanto Gesù
Cristo ha detto alla vigilia della sua morte, rivolgendo una preghiera particolare al Padre «perché tutti i suoi discepoli "siano
perfetti nell'unità e il mondo conosca che tu mi hai mandato"

---

[2] Il patriarca Neofit (Sofia, 1945-) ha compiuto gli studi prima in Bulgaria e
poi a Mosca; divenuto monaco, il 15 agosto 1975 viene ordinato ierodiacono e
il 21 novembre 1977 archimandrita. Consacrato vescovo l'8 dicembre 1985, riceve la nomina a vescovo ausiliare di Sofia. Rettore dell'Accademia teologica di
Sofia e poi preside della Facoltà teologica dell'Università di Sofia, dopo il crollo
del comunismo, il 27 marzo 1994, diventa metropolita di Durostoro e Červen.
Il 24 febbraio 2013 è eletto Patriarca della Chiesa Ortodossa di Bulgaria.

(Gv 17,23)». Seppur non direttamente, sempre alla dimensione ecumenica della Chiesa Bergoglio fa riferimento quando parla dei rapporti tra la Bulgaria, Giovanni XXIII e Giovanni Paolo II, dei quali ricorda l'imminente canonizzazione (27 aprile 2014). Entrambi, come dimostra l'interesse per questa duplice canonizzazione, hanno inciso sulla realtà ecclesiale e sociale di questo paese: il primo con una presenza durata nove anni[3], il secondo con il suo viaggio nel 2002[4].

Il 23 febbraio 2014 Francesco torna a parlare dell'unità della Chiesa: lo fa nella preghiera dell'Angelus, nel giorno che segue la celebrazione del primo concistoro del suo pontificato. In questa preghiera[5] commenta brevemente un passo della prima lettera ai Corinzi (1 Cor 3,23), letto in quella domenica, per tornare sulla questione delle divisioni nella comunità cristiana, denunciate da Paolo: queste divisioni facevano perdere di vista il fatto che tutto è di Cristo e che tutti hanno la stessa dignità grazie al battesimo; per questo, secondo il Papa, «coloro che hanno ricevuto un ministero di guida, di predicazione, di amministrare i Sacramenti, non devono ritenersi proprietari di poteri speciali, padroni, ma porsi al servizio della comunità, aiutandola a percorrere con gioia il cammino della santità». Si tratta di uno stile di vita pastorale che deve guidare i nuovi cardinali, che proprio quella domenica hanno concelebrato insieme al Papa: in questo modo si manifesta l'universalità della Chiesa, «ben rappresentata dalla variegata provenienza dei membri del

---

[3] Per una recente ricostruzione degli anni di Roncalli in Bulgaria, cfr. K. Plamen Kartaloff, *La sollecitudine ecclesiale di monsignor Roncalli in Bulgaria (1925-1934). Studio storico-diplomatico alla luce delle nuove fonti archivistiche.*

[4] Giovanni Paolo II ha compiuto un viaggio apostolico in Bulgaria e Azerbagian dal 22 al 26 maggio 2002; per i suoi discorsi cfr. Giovanni Paolo II, *Insegnamenti*, vol. 25/1, pp. 858-927.

[5] Papa Francesco, *Angelus*, Piazza San Pietro, Città del Vaticano, 23 febbraio 2014.

Collegio Cardinalizio, raccolti in stretta comunione attorno al Successore di Pietro». Francesco chiede al Signore la grazia «di lavorare per l'unità della Chiesa, di costruire questa unità, perché l'unità è più importante dei conflitti! L'unità della Chiesa è di Cristo, i conflitti sono problemi che non sono sempre di Cristo». A questa invocazione all'unità, che significa costruirla cominciando con il viverla all'interno della Chiesa Cattolica, il Pontefice fa seguire una riflessione sulla dimensione del servizio che deve guidare la vita di tutti coloro, a cominciare dai cardinali, che vivono nella Chiesa e per la Chiesa: il servire gli altri (e non l'esserne padroni) è un modo straordinariamente efficace per testimoniare l'amore di Dio per l'uomo, aprendo strade per l'incontro e per il dialogo così da offrire delle risposte ai bisogni degli uomini e delle donne del tempo presente.

Il 24 marzo il Santo Padre parla ancora di unità rivolgendosi ai vescovi della Guinea in visita *ad limina*[6]. Dopo averli salutati, riservando una parola speciale per il cardinale Robert Sarah[7] «che, dopo aver generosamente servito la Chiesa nel vostro Paese, è ora uno dei miei stimati collaboratori», papa Francesco esprime la propria gioia per il lavoro di evangelizzazione portato avanti dalla Chiesa in Guinea, che è frutto dell'amore di Dio, anche se i risultati possono apparire ancora non del tutto soddisfacenti. Per far crescere ancora di più la conoscenza dell'Evangelo si deve sempre tenere presente

---

[6] Papa Francesco, *Discorso ai presuli della Conferenza Episcopale della Guinea in visita "ad limina apostolorum"*, Città del Vaticano, 24 marzo 2014.

[7] Il cardinale Robert Sarah (1945-), nato in Guinea da una famiglia cattolica, viene ordinato sacerdote il 20 luglio 1969; prosegue gli studi prima a Roma e poi a Gerusalemme; il 13 agosto 1979 viene eletto arcivescovo di Conakry. Il 1° ottobre 2001 Giovanni Paolo II lo chiama a Roma in qualità di segretario della Congregazione per l'evangelizzazione dei popoli. Il 7 ottobre 2010 Benedetto XVI lo nomina presidente del Pontificio Consiglio Cor Unum e il 20 novembre 2010 lo crea cardinale, il primo della Guinea.

quanto l'unità dei cristiani sia utile nell'opera missionaria della Chiesa, proprio secondo le parole di Gesù (cfr. Gv 17); e l'unità si costruisce a cominciare dalla comunione tra i vescovi e il successore di Pietro. Certo, «le discordie tra cristiani sono l'ostacolo più grande all'evangelizzazione. Favoriscono la crescita di gruppi che approfittano della povertà e della credulità delle persone per proporre loro soluzioni facili, ma illusorie, ai problemi». La divisione appare ancora più grave in un contesto già segnato da tanti conflitti etnici, politici e religiosi, perché queste separazioni non favoriscono quel processo di riconciliazione che è uno degli elementi fondamentali per l'efficacia della missione della Chiesa, come ha scritto lo stesso Francesco nell'esortazione *Evangelii gaudium*, citata più volte. Il Papa dà indicazioni molto concrete su come proseguire l'opera missionaria, dalla fedeltà alla dimensione cristiana della famiglia alla formazione dei sacerdoti e dei laici, sempre nella prospettiva che l'evangelizzazione deve essere sostenuta dal fatto che «tutta la nostra esistenza deve essere coerente con il Vangelo che annunciamo».

Lo stesso 24 marzo, Bergoglio riceve una delegazione della *Apostolokì Diakonia* della Chiesa Ortodossa di Grecia, guidata dal vescovo Agathanghelos, in visita a Roma (21-26 marzo) per una serie di incontri con organismi della Curia romana e della comunità cattolica, in vista di ulteriori progetti in comune. Il vescovo Agathanghelos è il direttore generale di questo organismo che si occupa in Grecia della promozione di attività pastorali, culturali ed editoriali per conto del locale Sinodo della Chiesa Ortodossa. Grazie a tale organismo, e soprattutto dopo la visita di Giovanni Paolo II ad Atene nel 2001[8], è sta-

---

[8] Giovanni Paolo II ha visitato Atene nel 2001, prima tappa del pellegrinaggio giubilare in Grecia, Siria e Malta (4-9 maggio). Tra i commenti a questo viaggio: R. Scognamiglio, "Il pellegrinaggio di Giovanni Paolo II in Grecia".

to possibile realizzare iniziative comuni che hanno favorivo il cammino ecumenico.

Negli stessi giorni di marzo, il Pontefice invia un telegramma di cordoglio per la morte del patriarca della Chiesa Siro-Ortodossa di Antiochia Ignatius Zakka I Iwas, avvenuta il giorno 21[9]; nel telegramma si ricorda l'importante ruolo svolto dal Patriarca per lo sviluppo del dialogo ecumenico e interreligioso e per la costruzione della pace nella regione. Secondo Francesco «tutto il mondo cristiano ha perso una delle sue più rilevanti guide spirituali, che si è dimostrato coraggioso e saggio nel guidare il popolo in tempi tanto difficili». Fin dalla sua elezione nel 1980 il Patriarca si è dovuto confrontare con l'instabilità politica del Medio Oriente e di conseguenza con le difficoltà delle comunità cristiane, aggravatesi a causa delle guerre in Iraq e della situazione in Siria. Il Papa esprime anche una parola di elogio per il suo ruolo nella promozione del dialogo ecumenico fin dal tempo della sua partecipazione al Concilio Vaticano II in qualità di osservatore, «per il suo straordinario contributo al rafforzamento della comunione tra Siri ortodossi e cattolici».

Il 4 aprile Francesco invia un telegramma al successore Mor Ignatius Aphrem II, appena eletto[10]; in esso gli assicura la pro-

---

[9] Ignatius Zakka I Iwas (1933-2014), nato in Iraq, dove compì i suoi studi, fu ordinato presbitero il 17 novembre 1957; dopo un breve periodo di studio negli Stati Uniti, prese parte, in qualità di osservatore, al Concilio Vaticano II nella prima e seconda sessione (1962-1963). Il 17 novembre 1963 fu ordinato vescovo di Mosul, nel 1969 arcivescovo di Bagdad; nel 1978 gli venne affidata anche la responsabilità pastorale della neo-costituita diocesi dell'Australia. Il 14 settembre 1980 fu eletto 122° Patriarca della Chiesa Siro-Ortodossa di Antiochia. Costante durante la sua vita fu l'impegno per la causa ecumenica, a tal punto che divenne uno dei presidenti del Consiglio Ecumenico delle Chiese e promosse un dialogo bilaterale con la Chiesa Cattolica.

[10] Moran Mor Ignatius Aphrem II (1965-), nato in Siria, compiuti gli studi in Libano, Siria ed Egitto, nel 1985 abbracciò la vita monastica; dopo un breve periodo di insegnamento in Siria, completò gli studi in teologia in Irlanda e il

pria preghiera in modo che «possa essere un padre spirituale per il suo popolo e un instancabile costruttore di pace e di giustizia, per servire il bene comune e il bene di tutto il Medio Oriente nelle difficili circostanze presenti». Per il Papa è importante che i cristiani possano testimoniare insieme l'amore e la comunione, secondo quanto indicato da Gesù nell'ultima cena; proprio per questo esprime l'auspicio che i legami di fraternità tra la Chiesa Cattolica e la Chiesa Siro-Ortodossa, così come l'amicizia e il dialogo, possano svilupparsi ancora di più.

A questa ricca stagione di incontri appartengono anche le parole videoregistrate da un pastore pentecostale, Tony Palmer, durante un incontro privato con il Papa in Vaticano (il 14 gennaio), destinate a un convegno negli Stati Uniti. Secondo il pastore Palmer questo video[11] nasce proprio da una sua richiesta rivolta al Pontefice di mandare un messaggio in favore dell'unità dei cristiani. In esso papa Francesco, che si scusa per non parlare inglese, si rivolge ai pentecostali «con la lingua del cuore, come un fratello, con gioia e nostalgia» riguardo all'unità dei cristiani: gioia perché il cammino ecumenico è già iniziato e nostalgia perché ancora molto deve essere fatto; da qui il suo invito a tutti i cristiani a ritrovarsi per pregare insieme nella consapevolezza che le divisioni non possono essere più accettate: «I cristiani devo-

---

28 gennaio 1996 venne consacrato arcivescovo per diventare il vicario patriarcale della neo-istituita arcidiocesi della Chiesa Siro-Ortodossa per gli Stati Uniti orientali. Dopo la morte del patriarca Ignatius Zakka I, il 31 marzo 2014 è stato eletto 123° successore di san Pietro nella Sede Apostolica di Antiochia. Il suo impegno per la causa ecumenica è sempre stato prioritario: ha preso parte alle Assemblee generali del Consiglio Ecumenico delle Chiese a Canberra (1991), Harare (1998) e Porto Alegre (2006); ha giocato un ruolo fondamentale nel Consiglio Nazionale delle Chiese di Cristo negli Stati Uniti, dove ha promosso una sempre migliore comunione tra le Chiese Ortodosse; ha contribuito alla nascita del Christian Churches Together in Usa nel 2007.

[11] Il messaggio del Papa si può trovare su YouTube, dove si può ascoltare anche il racconto del pastore Palmer relativo all'incontro e alla realizzazione di questo video.

no riconoscersi fratelli, devono abbracciarsi, devono pregare per lasciare che il Signore finisca l'opera che ha cominciato, perché questo è un miracolo».

A pochi giorni dal pellegrinaggio in Terra Santa, l'8 maggio 2014, papa Francesco riceve in udienza Sua Santità Karekin II[12], Patriarca Supremo e Catholicos di tutti gli armeni[13]: per il Pontefice è una grazia speciale poter condividere un momento di confronto e di preghiera vicino alla tomba di Pietro. Si tratta di un incontro particolarmente gradito anche alla luce dei passi compiuti dalla Chiesa di Roma e dalla Chiesa Apostolica Armena negli ultimi anni per rafforzare i propri legami: dal viaggio di Giovanni Paolo II in Armenia nel 2001[14], alle visite compiute da Karekin II in Vaticano (tra le quali un posto privilegiato spetta all'incontro con Benedetto XVI nel 2008[15]) fino «alla ce-

---

[12] Karekin II (1951-), armeno, compie i suoi primi studi in Armenia, dove il 25 gennaio 1970 diventa diacono; nel 1972 è a Vienna, nel 1975 a Bonn e nel 1979 a Zagorsk per completare i suoi studi teologici. Il 23 ottobre 1983, dopo aver fatto ritorno in Armenia, viene consacrato vescovo di Echmiadzin, divenendo una figura di riferimento al momento del crollo del comunismo e dell'indipendenza del paese. Il 27 ottobre 1999 viene eletto Patriarca Supremo e Catholicos di tutti gli armeni, iniziando così un periodo caratterizzato dal recupero, dalla valorizzazione e dallo sviluppo del patrimonio materiale e spirituale della Chiesa Armena, sempre con un'attenzione particolare ai giovani. In questa prospettiva intensi sono i contatti con le altre Chiese cristiane, in particolare con la Chiesa Cattolica, per cercare di rafforzare il dialogo ecumenico. Anche per questo, il 7 maggio 2008 l'Università Pontificia Salesiana di Roma gli ha conferito la laurea *honoris causa* in Teologia pastorale giovanile.

[13] Papa Francesco, *Discorso a Sua Santità Karekin II, Patriarca Supremo e Catholicos di tutti gli armeni e seguito*, Città del Vaticano, 8 maggio 2014.

[14] Giovanni Paolo II visitò l'Armenia dal 25 al 27 settembre 2001 nel corso di un viaggio apostolico iniziato in Kazakistan.

[15] Il 24 novembre 2008 Benedetto XVI ricevette in Vaticano Karekin II, celebrando con lui una preghiera ecumenica nella cappella Mater Redemptionis. Va ricordato che anche il predecessore di Karekin II, Karekin I, si era recato in Vaticano per incontrare Giovanni Paolo II il 23 gennaio 1997; cfr. G. Marchesi, "Il patriarca supremo degli Armeni visita il papa".

lebrazione di inizio del mio ministero di Vescovo di Roma». Tra i passi compiuti, papa Bergoglio ne vuole ricordare uno che per lui assume un valore speciale: la Commemorazione dei Testimoni della fede del XX secolo, durante il Grande Giubileo del 2000. Per il Santo Padre è evidente che il numero dei martiri del XX secolo è di gran lunga superiore a quello dei martiri dei primi secoli: «In questo martirologio i figli della nazione armena hanno un posto d'onore». Per tanti armeni il mistero della croce, che è così presente nella storia del loro popolo per le tante rappresentazioni artistiche che si trovano ovunque in quella terra, è stato vissuto «come diretta partecipazione al calice della Passione» e proprio per questo «la loro testimonianza, tragica e alta insieme, non deve essere dimenticata».

Dopo aver reso omaggio alle sofferenze del popolo armeno, soprattutto quelle patite nel XX secolo, ecco introdotto un altro tema: il contributo fondamentale dei martiri del secolo scorso alla causa ecumenica. Per papa Francesco «come nella Chiesa antica il sangue dei martiri divenne seme di nuovi cristiani, così ai nostri giorni il sangue di molti cristiani è diventato seme dell'unità. L'ecumenismo della sofferenza, l'ecumenismo del martirio, l'ecumenismo del sangue è un potente richiamo a camminare lungo la strada della riconciliazione tra le Chiese, con decisione e fiducioso abbandono all'azione dello Spirito». Si tratta di un passaggio particolarmente importante nel definire come i cristiani possano scoprire e vivere il dono dell'unità; infatti, proprio alla luce delle sofferenze di coloro che le hanno precedute, le comunità cristiane sono chiamate a percorrere una strada di fraternità che è sostenuta dalla testimonianza di fede, fino alla morte, di tante persone che, proprio con la loro vita, hanno fatto sì che questa sofferenza divenisse «salvifica perché unita alla passione di Cristo».

La condivisione della memoria dei martiri costituisce quindi un elemento centrale, irrinunciabile, nella costruzione dell'unità visibile, benché questa condivisione debba essere accompagnata da molto altro; anche per questo il Papa desidera ringraziare Karekin II per il sostegno che ha voluto dare alla Commissione

congiunta per il Dialogo teologico fra la Chiesa Cattolica e le
Chiese Ortodosse orientali.

Avviandosi alla conclusione del suo discorso, il Pontefice cita
la Scrittura per sottolineare tre cose: la centralità della consola-
zione di coloro che sono nella sofferenza, secondo il modello del
Padre Misericordioso sempre pronto a consolare l'uomo (cfr. 2
Cor 1,3-4); la forza di vivere la fede alla luce di tanti testimoni
che ci hanno preceduto, così come viene indicato anche dalla
lettera agli Ebrei (12,1); la ricerca di una preghiera condivisa per
domandare al Padre l'unità, così come Gesù la chiese, attraverso
la preghiera, nell'ultima cena (cfr. Gv 17,21). Tale riferimento
all'ultima cena introduce una preghiera su un tema che al Papa
sta particolarmente a cuore: «Possa lo Spirito Santo illuminarci
e guidarci verso il giorno tanto desiderato in cui potremo condividere la mensa eucaristica». Il discorso si chiude con una citazione da san Gregorio di Narek: «Accogli il canto di benedi-
zione delle nostre labbra e degnati di concedere a questa Chiesa
i doni e le grazie di Sion e di Betlemme, perché possiamo essere
degni di partecipare alla salvezza». L'incontro si conclude con
un momento di preghiera condiviso nella cappella Redemptoris
Mater[16], così da ricordare a tutti, se ancora ce ne fosse bisogno,
quanto importante sia la preghiera per il cammino verso l'unità
visibile della Chiesa.

Di qualche giorno precedente all'incontro con Karekin II è la
lettera di papa Francesco a Tawadros II in ricordo dell'udienza
concessa dal Pontefice al Patriarca copto di Alessandria[17] (10
maggio 2013). In questo messaggio, Bergoglio ricorda come

---

[16] Un breve racconto di questo momento di preghiera si può trovare in
L'Osservatore Romano, 09.05.2014, p. 7.

[17] Papa Francesco, *Lettera a Sua Santità Tawadros II, Papa di Alessandria e
Patriarca della Sede di San Marco*, Città del Vaticano, 5 maggio 2014; la lettera
è stata resa pubblica il 10 maggio 2014.

proprio l'incontro dell'anno precedente abbia «rafforzato quei vincoli spirituali che uniscono la Sede di Pietro alla Sede di Marco, e che erano stati rinnovati dallo storico incontro tra Papa Paolo VI e Papa Shenouda III nel 1973». Si deve perciò rendere grazie al Signore per il cammino di riconciliazione e di amicizia che i cattolici e i copti stanno portando avanti, con il quale si propongono di favorire una sempre migliore conoscenza reciproca. Naturalmente questo cammino ecumenico si fonda sul fatto che «ciò che ci unisce è molto più grande di ciò che ci separa» tanto da poter dire di vivere già una vera comunione, anche se «non è né piena né perfetta»: proseguire nel dialogo, nella carità e nella verità può aiutare a «superare gli ostacoli che restano alla piena comunione». In questa situazione appare quanto mai importante per il Papa moltiplicare le occasioni di preghiere per l'unità; chiede al Signore un aiuto particolare «affinché anche tutti i suoi figli, nati a nuova vita attraverso l'acqua del battesimo e illuminati dalla fede, possano diventare una cosa sola nell'amore. Da parte mia, assicuro Vostra Santità della mia incessante preghiera per tutti i cristiani in Egitto e nell'intero Medio Oriente».

Il messaggio si chiude con una speranza: «Possa il Signore ispirare a quanti sono responsabili del destino dei popoli in quelle terre la ferma decisione di cercare soluzioni giuste e pacifiche rispettose dei diritti di tutti». Con queste ultime parole si apre una prospettiva che richiama molti altri interventi di Bergoglio per un impegno delle istituzioni nella ricerca della pace e della giustizia. Ma, soprattutto, queste parole appaiono quanto mai attuali nell'imminenza di partire per il pellegrinaggio in Terra Santa.

CAPITOLO IX

DAVANTI AL SEPOLCRO

Papa Francesco in Terra Santa

«È stato un grande dono per la Chiesa, e ne rendo grazie a Dio. Egli mi ha guidato in quella Terra benedetta, che ha visto la presenza storica di Gesù e dove si sono verificati eventi fondamentali per l'Ebraismo, il Cristianesimo e l'Islam»[1]. Con queste parole, nel corso dell'udienza generale di mercoledì 28 maggio 2014, papa Francesco ha commentato l'esperienza del suo pellegrinaggio in Terra Santa: un momento di grande importanza per il cammino ecumenico in senso lato e non solo per i rapporti tra le Chiese di Roma e Costantinopoli (che pure hanno vissuto una tappa particolare con l'incontro tra il Papa e il Patriarca ecumenico). Francesco ha sottolineato ancora una volta come lo scopo principale del pellegrinaggio fosse la «commemorazione» del 50° anniversario dell'incontro tra Paolo VI e Atenagora[2], che tanta rilevanza ha avuto nella vita della Chie-

---

[1] PAPA FRANCESCO, *Udienza generale*, Città del Vaticano, 28 maggio 2014.

[2] Fino a non molto tempo fa, sul pellegrinaggio di Paolo VI e il suo incontro con il patriarca Atenagora, oltre a cronache coeve non c'erano molti studi; il 50° anniversario ha però dato origine a qualche tentativo di far conoscere meglio questa pagina di storia: A. PIZZUTO, *Paolo VI in Terra Santa. Sulle orme di un pellegrino d'eccezione*; RE. BURIGANA, R. BURIGANA, *I Papi in Terra Santa. I viaggi di Paolo VI, Giovanni Paolo II e Benedetto XVI in Terra Santa*; V. MARTANO, *L'abbraccio di Gerusalemme. Cinquant'anni fa lo storico incontro tra Paolo VI e Athenagoras*; AA.VV., *Paolo VI pellegrino in Terra Santa*. Rimane praticamente tutto da studiare il tema della recezione di questo viaggio, in particolare dell'abbraccio tra le due guide spirituali, con il quale aveva chiaramente

sa Cattolica. Infatti con questo viaggio Paolo VI non solo ha inaugurato la nuova stagione dei viaggi pontifici fuori dell'Italia, mentre era ancora in corso il Concilio Vaticano II, ma soprattutto «ha posto una pietra miliare nel cammino sofferto ma promettente dell'unità di tutti i cristiani, che da allora ha compiuto passi rilevanti», tanto da poterlo definire un «gesto profetico».

In tale prospettiva, l'incontro tra Francesco e Bartolomeo al Santo Sepolcro è stato «il momento culminante» della visita: nella preghiera ecumenica, alla quale hanno preso parte il Patriarca Greco-Ortodosso di Gerusalemme Theophilos III[3], il Patriarca Armeno Apostolico Nourhan[4], vescovi e pastori di molte altre comunità cristiane presenti in Terra Santa, il Papa dice di «aver avvertito tutta l'amarezza e la sofferenza delle divisioni che ancora esistono tra i discepoli di Cristo». Nel luogo dove i cristiani fanno memoria della morte e della resurrezione di Gesù Cristo, toccare con mano quanto essi siano ancora divisi «fa tanto male, male al cuore». Tale divisione non ha impedi-

---

inizio una nuova stagione nei rapporti tra Roma e Costantinopoli e per il dialogo ecumenico. Tra le frammentarie informazioni sull'impatto che questa immagine ebbe nella vita delle comunità cristiane, mi piace ricordare il caso di Maria Marchetta (1939-1966), giovane laica lucana, che decise di offrire le sue sofferenze fisiche per l'unità della Chiesa dopo aver visto l'abbraccio a Gerusalemme tra Paolo VI e Atenagora.

[3] Theophilos III (1952-), nato in Grecia, entrato ancora giovanissimo nella fraternità del Santo Sepolcro e consacrato ieromonaco nel 1975, ha compiuto i suoi studi ad Atene, Durham e Gerusalemme. Consacrato vescovo di Tabor il 14 febbraio 2005, il 22 agosto dello stesso anno viene eletto Patriarca della Città Santa di Gerusalemme e di tutta la Palestina, la Siria, l'Arabia, l'oltre Giordano, Cana di Galilea e la Santa Sion, succedendo a Ireneo, che era stato deposto dal Sinodo per una serie di questioni legate ad attività economiche poco chiare. La sua elezione non è stata riconosciuta dallo Stato di Israele.

[4] Nourhan Manougian (1948-), nato in Siria, ha compiuto i suoi studi in Siria, in Libano e a Gerusalemme, completandoli negli Stati Uniti. Dopo una serie di esperienze pastorali in Svizzera, Olanda, Stati Uniti, ha ricoperto vari incarichi presso le comunità armene in Israele fino a essere consacrato vescovo nel 1999; è Patriarca Armeno di Gerusalemme dal 24 gennaio 2013.

to però la celebrazione di un momento di preghiera veramente condivisa, «carica di reciproca fraternità, di stima e di affetto» nella quale forte è stato il richiamo a proseguire sulla strada della costruzione dell'unità visibile della Chiesa: «Abbiamo sentito forte la voce del Buon Pastore Risorto che vuole fare di tutte le sue pecore un solo gregge; abbiamo sentito il desiderio di sanare le ferite ancora aperte e proseguire con tenacia il cammino verso la piena comunione». Bergoglio vuole riaffermare l'impegno della Chiesa Cattolica non solo a superare le divisioni ma anche a chiedere perdono di quanto è stato fatto in passato per favorirle: chiede quindi allo Spirito Santo un aiuto «per risanare le ferite che noi abbiamo fatto agli altri fratelli». I cristiani sono tutti fratelli in virtù del riconoscimento di Cristo ma con il patriarca Bartolomeo esiste un rapporto di amicizia che va oltre, tanto da condividere «la volontà di camminare insieme, fare tutto quello che da oggi possiamo fare: pregare insieme, lavorare insieme per il gregge di Dio, cercare la pace, custodire il creato, tante cose che abbiamo in comune». Alla luce di tutto questo, proprio in virtù dell'essere fratelli in Cristo, i cristiani devono andare avanti, proseguire il cammino ecumenico.

Naturalmente il pellegrinaggio in Terra Santa non può essere ridotto a questo incontro, pur tanto importante, dal momento che quei giorni sono stati segnati anche dall'appello alla pace «che è nello stesso tempo dono di Dio e impegno degli uomini»; l'appello è stato ripetuto più volte nella speranza che possa contribuire a far uscire l'intera regione da uno stato di instabilità, di violenza, di guerra che da anni condiziona la vita di milioni di uomini e donne. Il Pontefice ha insistito sull'importanza di promuovere una riconciliazione nella quotidianità, lasciandosi guidare dallo Spirito Santo, ponendosi in ascolto delle sue parole che trasformano uomini e donne in «artigiani» della pace: «La pace si fa artigianalmente! Non ci sono industrie di pace, no. Si fa ogni giorno, artigianalmente, e anche col cuore aperto perché venga il dono di Dio». Bergoglio non manca di ringraziare le autorità della Giordania per ciò che stanno facendo a favore dei

tanti profughi che giungono nel loro paese, tanto da chiedere
«alle istituzioni internazionali di aiutare questo popolo in questo
lavoro di accoglienza che fa».

Il pellegrinaggio è stata anche l'occasione per pensare a come
trovare «un'equa soluzione al conflitto israeliano-palestinese»;
ne è nato l'invito rivolto «al Presidente di Israele e al Presidente
della Palestina, ambedue uomini di pace e artefici di pace, a venire in Vaticano a pregare insieme con me per la pace».

Infine un ultimo pensiero il Papa lo riserva alle comunità cristiane della regione «che soffrono tanto», assicurando loro una
preghiera e un sostegno nella preziosa opera di accoglienza, di
educazione, di riconciliazione e di perdono nelle comunità locali. L'udienza si conclude con l'invocazione «a pregare insieme la
Madonna, Regina della pace, Regina dell'unità fra i cristiani, la
Mamma di tutti cristiani: che lei ci dia pace, a tutto il mondo, e
che lei ci accompagni in questa strada di unità», così come aveva
già detto al termine della sua riflessione al Santo Sepolcro.

Dalle parole di papa Francesco si coglie con chiarezza che il
pellegrinaggio in Terra Santa non è stato semplicemente un incontro ecumenico: è stato anche un appello alla pace, con l'invito a Shimon Peres e ad Abu Mazen per un incontro in Vaticano
e il ricordo della guerra in Siria; una conferma all'impegno per
un dialogo tra le religioni e le culture; un sostegno alle comunità cristiane delle regione, che vivono in una situazione difficile;
un riconoscimento del ruolo della Giordania. Tuttavia proprio
la dimensione ecumenica costituisce l'elemento caratterizzante
di questo viaggio in nome della memoria dell'incontro tra Paolo VI e Atenagora del gennaio 1964. Del resto, tale centralità
ecumenica era apparsa evidente fin dall'annuncio del viaggio,
il 5 gennaio 2014 dopo la recita dell'Angelus, e si era andata
man mano rafforzando con una serie di gesti e di parole, tra
cui la presentazione del logo e del motto del pellegrinaggio, il
13 marzo. Il logo rappresenta l'abbraccio fra Pietro e Andrea,
richiamando così la tradizione alla quale si richiamano la Chiesa di Roma e la Chiesa di Costantinopoli; l'abbraccio ricorda

anche l'incontro tra Paolo VI e Atenagora. Esso avviene su una barca, che rimanda non solo al contesto evangelico nel quale maturò la vocazione di Pietro e Andrea, due pescatori chiamati da Gesù Cristo per essere «pescatori di uomini», ma anche alla dimensione ecclesiologica dell'ecumenismo, dal momento che Pietro e Andrea condividono la stessa Chiesa (la barca), che il Signore sostiene con il soffio dello Spirito Santo: lo Spirito gonfia le vele guidando la barca nella navigazione nel mondo. Pietro e Andrea sono chiamati a condividere la strada per superare le divisioni del passato in modo da procedere verso un domani di giustizia, di pace, di riconciliazione, di perdono e di amore fraterno. Il motto del pellegrinaggio («Perché siano una cosa sola») è un passo di Giovanni (17,21) intorno al quale, nel corso degli ultimi anni, più forte è stata la riflessione su come i cristiani debbano costruire l'unità visibile della Chiesa per essere fedeli al comandamento di Gesù Cristo.

Nell'approssimarsi della partenza, è andata crescendo l'attesa per questo incontro ecumenico, tanto più che papa Francesco ha chiesto, più volte e in contesti molto diversi, di pregare per il pellegrinaggio. Lo ha fatto, ad esempio, a conclusione del suo discorso alla 66ª Assemblea della Conferenza Episcopale Italiana, il 19 maggio 2014: «Voi pregate per me, soprattutto alla vigilia di questo viaggio che mi vede pellegrino ad Amman, Betlemme e Gerusalemme a 50 anni dallo storico incontro tra Papa Paolo VI e il Patriarca Atenagora: porto con me la vostra vicinanza partecipe e solidale alla Chiesa Madre e alle popolazioni che abitano la terra benedetta in cui Nostro Signore è vissuto, morto e risorto»[5]. Proprio in vista del pellegrinaggio è stata promossa una novena di preghiera che sarebbe stata celebrata in numerose comunità locali, assumendo talvolta un carattere ecumenico dato che la visita ha suscitato un vasto interesse, soprattutto tra le comunità ortodosse.

---

[5] Papa Francesco, *Discorso alla 66ª Assemblea Generale della Conferenza Episcopale Italiana*, Città del Vaticano, 19 maggio 2014.

Le prime parole del Papa in viaggio verso la Terra Santa sono dedicate al dialogo: il 24 maggio, nel telegramma che di rito viene rivolto al Presidente della Repubblica al momento di lasciare l'Italia, Francesco ricorda il viaggio di Paolo VI e dice di compiere questo pellegrinaggio con lo scopo «di pregare per la giustizia e la pace e per incoraggiare il dialogo ecumenico e interreligioso»[6].

L'ecumenismo è un filo rosso che caratterizza gli incontri, le parole e i gesti di tutta la visita di Francesco in Terra Santa (24-26 maggio 2014), con accenni e rimandi diversi[7]. Questo filo rosso si manifesta in tutta la sua forza dirompente nella celebrazione ecumenica al Santo Sepolcro, domenica 25 maggio, preceduta dalla firma di una *Dichiarazione comune* del Papa e del patriarca Bartolomeo presso la Delegazione apostolica di Gerusalemme al termine di un incontro privato[8]. Questa *Dichiarazione* non costituisce una novità ma si inserisce nella tradizione dei documenti sottoscritti tra Roma e Costantinopoli, inaugurata proprio da Paolo VI e Atenagora nel loro secondo incontro (1967); nel gennaio 1964, infatti, fu possibile avere solo un *Comunicato congiunto*, per tanti motivi, molti dei quali riconducibi-

---

[6] Papa Francesco, *Telegramma al Presidente della Repubblica Italiana on. Giorgio Napolitano*, Roma, 24 maggio 2014.

[7] In questa sede non si può presentare una ricostruzione puntuale del pellegrinaggio, che è stato seguito con molta enfasi dai *mass-media* di tutto il mondo anche per i gesti con i quali papa Bergoglio ha accompagnato, e in alcuni casi anche sostituito, i suoi discorsi (per questi ultimi cfr. la pagina web della Santa Sede). Tra i discorsi ne segnaliamo tre per la loro valenza interreligiosa, tanto più rilevante se consideriamo l'occasione e il luogo dove sono stati pronunciati il 26 maggio, a Gerusalemme: il Discorso in occasione della visita al Gran Mufti di Gerusalemme nell'edificio del Gran Consiglio sulla Spianata delle Moschee, il Discorso in occasione della visita al Memoriale di Yad Vashem e il Discorso in occasione della visita di cortesia ai due Gran Rabbini di Israele nel Centro Heichal Shlomo.

[8] Papa Francesco, Patriarca Ecumenico Bartolomeo I, *Dichiarazione comune*, Gerusalemme, 25 maggio 2014.

li alla novità e alla straordinarietà del momento, caratterizzato, come emerge da molte testimonianze coeve e da qualche documento, da continui "strappi" al protocollo.

Proprio con un riferimento al *Comunicato congiunto* del 1964 si apre la *Dichiarazione comune* di papa Francesco e del patriarca Bartolomeo; per le due guide spirituali, questo nuovo riunirsi è «fonte di intensa gioia spirituale e ci offre l'opportunità di riflettere sulla profondità e sull'autenticità dei legami esistenti tra noi, frutto di un cammino pieno di grazia lungo il quale il Signore ci ha guidato, a partire da quel giorno benedetto di cinquant'anni fa». Siamo di fronte a un passo significativo verso l'unità che si realizza grazie alla presenza e all'aiuto dello Spirito Santo che guida i cristiani «alla comunione nella legittima diversità». Si tratta di un'espressione particolarmente interessante perché ribadisce ancora una volta a quale modello di unità i cristiani devono tendere: una comunione nella quale possono e devono essere presenti le diversità delle tradizioni che nel corso dei secoli si sono venute creando in seno alla cristianità.

Sulla storia del dialogo ecumenico tra Roma e Costantinopoli, a partire dall'abbraccio tra Paolo VI e Atenagora, la *Dichiarazione* si sofferma sottolineando come i passi compiuti sono straordinari anche perché si sono realizzati «dopo molti secoli di silenzio»; questi passi comprendono la contemporanea rimozione delle scomuniche, gli scambi di visite, i contatti epistolari e la decisione di creare una commissione mista per affrontare i nodi teologici che ancora dividono cattolici e ortodossi. Questi progressi sono stati possibili grazie a Dio che, «fonte di ogni pace e amore, ci ha insegnato a considerarci gli uni gli altri come membri della stessa famiglia cristiana, sotto un solo Signore e Salvatore, Cristo Gesù, e ad amarci gli uni gli altri, di modo che possiamo professare la nostra fede nello stesso Vangelo di Cristo, così come è stato ricevuto dagli Apostoli, espresso e trasmesso a noi dai Concili ecumenici e dai Padri della Chiesa». Nonostante i risultati ottenuti è evidente che ancora non esiste la piena comunione, vero obiettivo del cammino ecumenico:

papa Francesco e il patriarca Bartolomeo non solo confermano
di voler proseguire su questa strada ma si impegnano a operare
per giungere all'unità che ci è richiesta da Gesù Cristo («Perché
tutti siano una sola cosa», Gv 17,21).

La *Dichiarazione* introduce il tema della celebrazione eucaristica: partecipare «insieme al banchetto eucaristico» diventa
l'obiettivo primario del dialogo tra Roma e Costantinopoli e
per questo «ci spetta il compito di prepararci a ricevere questo
dono della comunione eucaristica, secondo l'insegnamento di
Sant'Ireneo di Lione, attraverso la professione dell'unica fede,
la preghiera costante, la conversione interiore, il rinnovamento di vita e il dialogo fraterno (*Adversus haereses*, IV,18,5. PG
7,1028)». Celebrare insieme l'eucaristia significa anche manifestare al mondo quanto grande è l'amore di Dio, tanto da essere riconosciuti quali veri discepoli, rafforzando così la missione
della Chiesa. Per giungere alla piena comunione rimangono
tuttora aperte alcune questioni teologiche; su queste sta lavorando la Commissione mista internazionale, verso la quale viene
espresso «un sentito apprezzamento» per quello che è riuscita
a fare e per quanto ha ancora in progetto. Il rilievo del dialogo
teologico risiede nell'essere non qualcosa di puramente teorico,
completamente avulso dalla quotidianità dell'esperienza di fede
delle comunità cristiane, ma «un esercizio nella verità e nella
carità, che richiede una sempre più profonda conoscenza delle
tradizioni gli uni degli altri, per comprenderle e per apprendere
da esse». In questa prospettiva diventa fondamentale riaffermare che il dialogo teologico tra cattolici e ortodossi – ma questo
vale per il dialogo ecumenico in senso lato – non si propone di
trovare «un minimo comune denominatore teologico sul quale
raggiungere un compromesso, ma si basa piuttosto sull'approfondimento della verità tutta intera, che Cristo ha donato alla
sua Chiesa e che, mossi dallo Spirito Santo, non cessiamo mai
di comprendere meglio». Si tratta quindi di proseguire il dialogo
in nome della fedeltà a quanto il Signore chiede alla Chiesa nella consapevolezza che esso si realizza «attraverso uno scambio

di doni», consentendo ai cristiani di giungere alla verità grazie all'aiuto dello Spirito Santo.

Francesco e Bartolomeo non nascondono le difficoltà e le questioni ancora aperte; questo però non deve far dimenticare i passi compiuti e soprattutto ciò che cattolici e ortodossi devono fare insieme per «offrire una testimonianza comune all'amore di Dio verso tutti, collaborando nel servizio all'umanità, specialmente per quanto riguarda la difesa della dignità della persona umana in ogni fase della vita e della santità della famiglia basata sul matrimonio, la promozione della pace e del bene comune, la risposta alle miserie che continuano ad affliggere il nostro mondo. Riconosciamo che devono essere costantemente affrontati la fame, l'indigenza, l'analfabetismo, la non equa distribuzione dei beni. È nostro dovere sforzarci di costruire insieme una società giusta ed umana, nella quale nessuno si senta escluso o emarginato».

La *Dichiarazione* si sofferma poi su un aspetto, la salvaguardia del creato, sul quale la cooperazione ecumenica ha già dato dei frutti, ma che ha bisogno di un ulteriore sforzo proprio per il futuro pieno di incognite che attende l'ambiente: «Ribadiamo la nostra responsabilità e il dovere di alimentare un senso di umiltà e moderazione, perché tutti sentano la necessità di rispettare la creazione e salvaguardarla con cura. Insieme, affermiamo il nostro impegno a risvegliare le coscienze nei confronti della custodia del creato; facciamo appello a tutti gli uomini e donne di buona volontà a cercare i modi in cui vivere con minore spreco e maggiore sobrietà, manifestando minore avidità e maggiore generosità per la protezione del mondo di Dio e per il bene del suo popolo».

C'è anche un altro ambito che sta particolarmente a cuore a Roma e a Costantinopoli: la libertà religiosa, cioè «il diritto ad esprimere pubblicamente la propria fede e ad essere trattati con equità quando si intende promuovere il contributo che il Cristianesimo continua ad offrire alla società e alla cultura contemporanee». In questa prospettiva appare fondamentale la promozione di un dialogo interreligioso, soprattutto con il mondo ebraico e con l'islam, in modo da sconfiggere l'ignoranza che produce non solo indifferenza ma anche pregiudizi, fonte di tensioni e conflitti.

Il fatto che la Dichiarazione venga firmata a Gerusalemme offre l'opportunità di esprimere la «comune profonda preoccupazione per la situazione dei cristiani in Medio Oriente e per il loro diritto a rimanere cittadini a pieno titolo delle loro patrie». All'inquietudine per questa situazione segue una preghiera a Dio per la pace in Terra Santa e in Medio Oriente, con un pensiero particolare alle comunità cristiane in Egitto, in Siria, e in Iraq che, per le recenti vicende, hanno sofferto più di altre e si trovano in una situazione di grande precarietà. Per papa Francesco e il patriarca Bartolomeo si deve trovare il modo per proseguire il cammino verso la riconciliazione e il giusto riconoscimento dei diritti dei popoli: «Siamo profondamente convinti che non le armi, ma il dialogo, il perdono e la riconciliazione sono gli unici strumenti possibili per conseguire la pace».

Il dialogo ecumenico assume una valenza ancora più significativa proprio alla luce della situazione che è stata appena descritta; infatti in un contesto pesantemente segnato dalla violenza, una testimonianza, veramente e pienamente ecumenica, può offrire un aiuto concreto a tanti individui che «si sentono oggi smarriti» per far ritrovare loro la strada che «conduce alla verità, alla giustizia e alla pace». Da questo punto di vista la memoria dell'incontro tra Paolo VI e Atenagora costituisce tuttora un punto di riferimento di grande attualità nel ricordo dell'appello rivolto a tutti gli uomini e le donne di buona volontà «per riconoscere l'urgenza dell'ora presente, che ci chiama a cercare la riconciliazione e l'unità della famiglia umana, nel pieno rispetto delle legittime differenze, per il bene dell'umanità intera e delle generazioni future».

Firmato il documento, Francesco e Bartolomeo lasciano la Delegazione apostolica per giungere alla Basilica del Santo Sepolcro per strade diverse, in modo da sottolineare anche con questo piccolo gesto quanto Cristo morto e risorto rende fratelli coloro che provengono da sentieri differenti: al loro arrivo vengono accolti dalle tre autorità cristiane, il Patriarca Ortodosso di Gerusalemme Theophilos III, il Custode di Terra Santa, padre Pierbattista Pizzaballa ofm[9], e il patriarca armeno Nourhan Manoogian, ai quali spetta la responsabilità del complesso del Santo Sepolcro. Ha così inizio il momento culminante del pellegrinaggio.

Nella celebrazione ecumenica al Santo Sepolcro, segnata da silenzi, da preghiere, da gesti di amicale fraternità, il Papa prende la parola dopo la lettura della Parola di Dio e l'intervento del patriarca Bartolomeo: «In questa Basilica, alla quale ogni cristiano guarda con profonda venerazione, raggiunge il suo culmine il pellegrinaggio che sto compiendo insieme con il mio amato fratello in Cristo, Sua Santità Bartolomeo»[10]. «È una grazia straordinaria essere qui riuniti in preghiera»: il luogo dove i cristiani fanno memoria della Tomba vuota richiama la Risurrezione e il suo annuncio così come i testimoni lo vissero e lo raccontarono, comprendendo che in esso risiedeva «il cuore del messaggio cristiano, trasmesso fedelmente di generazione in generazione» fin dai primi tempi, come attesta lo stesso Paolo nella prima lettera ai Corinzi (1 Cor 15,3-4). L'annuncio della Risurrezione costituisce quindi il fondamento della fede che unisce tutti i cristiani che professano il Simbolo Apostolico: per il Pontefice è importante riflettere sul fatto che «ciascuno di noi, ogni battezzato in Cristo, è spiritualmente risorto da questo sepolcro, poiché tutti nel Battesimo siamo stati realmente incorporati al Primogenito di tutta la creazione, sepolti insieme con Lui, per essere con Lui

---

[9] Il padre francescano Pierbattista Pizzaballa (1965-) è stato nominato Custode di Terra Santa il 15 maggio 2004, succedendo a padre Giovanni Battistelli; il 28 giugno 2013 è stato confermato in questo incarico per un altro triennio.

[10] PAPA FRANCESCO, *Discorso per la celebrazione ecumenica in occasione del 50° anniversario dell'incontro a Gerusalemme tra Papa Paolo VI e il Patriarca Atenagora*, Basilica del Santo Sepolcro, Gerusalemme, 25 maggio 2014.

risuscitati e poter camminare in una vita nuova (cfr. Rm 6,4)». Si tratta di una grazia speciale con la quale i cristiani sono chiamati a confrontarsi nella loro quotidiana esperienza di fede per riscoprire la propria vocazione che guida ogni uomo e ogni donna a vivere il rapporto con Gesù Cristo nella gioia: «Siamo uomini e donne di risurrezione, non di morte».

Il Santo Sepolcro deve aiutare i cristiani a vivere le difficoltà che attraversano la loro vita, la vita della Chiesa, la vita del mondo «nella luce del mattino di Pasqua» che ricorda che «ogni ferita, ogni sofferenza, ogni dolore, sono stati caricati sulle proprie spalle dal Buon Pastore, che ha offerto sé stesso e con il suo sacrificio ci ha aperto il passaggio alla vita eterna». Le piaghe di Cristo sono la fonte della sua misericordia che giunge al mondo per cambiarlo, dandogli quella gioia con cui si può affrontare ogni problema sapendo che Cristo non ci abbandona; per questo i cristiani non devono perdere la speranza radicata nella risurrezione, che è un dono da condividere con tutti, vero cuore dell'annuncio della Buona Novella. Dal Santo Sepolcro risuona un «potente appello all'unità», proprio per le parole di Gesù Cristo che chiama tutti i suoi discepoli «fratelli».

Nonostante la memoria condivisa del Santo Sepolcro, la centralità dell'annuncio della Risurrezione nella missione dei cristiani, la lettura della Parola di Dio tanto chiara nell'invito di Cristo a vivere l'unità, «non possiamo negare le divisioni che ancora esistono tra di noi, discepoli di Gesù», che suscitano ancora più sofferenza di fronte alla tomba vuota. Per papa Francesco si deve ringraziare il Signore per i passi «davvero importanti» sulla strada verso l'unità visibile della Chiesa compiuti nei cinquant'anni che ci separano dall'incontro tra Paolo VI e il patriarca Atenagora: questa memoria deve servirci per proseguire il cammino ecumenico, che ha bisogno di «altra strada per raggiungere quella pienezza di comunione che possa esprimersi anche nella condivisione della stessa Mensa eucaristica, che ardentemente desideriamo; ma le divergenze non devono spaventarci e paralizzare il nostro cammino». Anche in questa occasione, la condivisione della mensa eucaristica è indicata come un obiettivo da perseguire nella prospettiva che esso rappresenti un passaggio significativo del cammino ecumenico; in queste parole non vi è rassegnazione di fronte a un dibattito che ha vissuto alterne stagioni e che appariva avviato su un binario morto, né accettazione dell'impossibilità di superare le difficoltà che impediscono questa condivisione[11]. Per papa Francesco la pietra ribaltata del sepolcro lancia un messaggio chiarissimo a tutti i cristiani: allo stesso modo, infatti, «potranno essere rimossi tutti gli ostacoli che ancora impediscono la piena comunione tra noi». Il cammino ecumenico, in tutte le sue forme – a partire dalla richiesta di perdono per quanto i cristiani hanno commesso contro i propri fratelli nella fede –, è «esperienza della risurrezione», così come quando le Chiese trovano il coraggio di promuovere sempre nuove occasioni di dialogo e di condivisione: «Ogni volta che pensiamo il futuro della Chiesa a partire dalla sua vocazione all'unità, brilla la luce del mattino di Pasqua!». Ed ecco il suo invito ecumenico: «Desidero rinnovare l'auspicio già espresso dai miei Predecessori, di mantenere un dialogo con tutti i fratelli in Cristo per trovare una forma di esercizio del ministero proprio del Vescovo di Roma che, in conformità con la sua missione, si apra ad una situazione nuova e possa essere, nel contesto attuale, un servizio di amore e di comunione riconosciuto da tutti», secondo quanto era stato enunciato dall'enciclica *Ut unum sint* di Giovanni Paolo II, al quale Francesco rimanda in modo esplicito.

La situazione del Medio Oriente, così come quella di altri luoghi nel mondo, segnata dalla violenza, non può essere tolle-

---

[11] Il dibattito ecumenico sull'eucaristica ha prodotto una quantità considerevole di documenti, a vario livello, ed è stato oggetto di numerosi studi dei quali non è possibile dare conto; per un recente articolo sulla celebrazione eucaristica in una prospettiva ecumenica, con implicazioni pastorali che vanno al di là del dialogo tra cristiani, cfr. L. Lorusso, "L'ospitalità eucaristica negli accordi ecumenici".

rata dai cristiani: essi devono pregare il Signore per sconfiggere
la guerra, la povertà, la fame e l'intolleranza religiosa. Questa
invocazione alla preghiera come strada privilegiata, che caratterizza il pellegrinaggio di papa Francesco in Terra Santa, come
molti altri suoi interventi in questi primi mesi di pontificato
viene ulteriormente arricchita da una riflessione ecumenica:
«Quando cristiani di diverse confessioni si trovano a soffrire insieme, gli uni accanto agli altri, e a prestarsi gli uni gli altri aiuto
con carità fraterna, si realizza un ecumenismo della sofferenza,
si realizza l'ecumenismo del sangue, che possiede una particolare
efficacia non solo per i contesti in cui esso ha luogo, ma, in virtù
della comunione dei santi, anche per tutta la Chiesa». Per il Papa
la persecuzione non avviene perché si appartiene a una Chiesa o
a un'altra ma perché si professa Cristo e in questa comune testimonianza del Risorto si scopre una dimensione dell'unità che fa
crescere la comunione.

La conclusione del suo intervento è un accorato appello ad
abbandonare «le esitazioni che abbiamo ereditato dal passato» e
ad aprire «il nostro cuore all'azione dello Spirito Santo, lo Spirito dell'Amore (cfr. Rm 5,5) per camminare insieme spediti verso
il giorno benedetto della nostra ritrovata piena comunione». I
cristiani sanno che in questo cammino non sono soli, ma sono
sostenuti da Gesù Cristo: egli, alla vigilia della sua passione,
morte e risurrezione, si è rivolto direttamente al Padre per chiedere il dono dell'unità per i suoi discepoli, secondo le parole del
vangelo di Giovanni (17,21), in modo che il mondo possa cre-
dere alla luce della comunione testimoniata dalla Chiesa. Certo,
non si tratta di un percorso facile, in esso non mancheranno
momenti di pessimismo nei quali sembrerà venire meno il coraggio e prevalere la sfiducia; in quei momenti i cristiani dovranno rivolgersi a Maria: «Quando nell'anima cristiana ci sono
turbolenze spirituali, soltanto sotto il manto della Santa Madre
di Dio troveremo pace. Che Lei ci aiuti in questo cammino».

Con questa invocazione, carica di speranza per l'avventu-
ra ecumenica, si conclude la riflessione di papa Francesco nel

Santo Sepolcro. Qui il Pontefice non ha voluto solo tracciare un bilancio dei passi compiuti e delle difficoltà presenti, ma anche indicare la strada da percorrere, abbandonando paure e pregiudizi, per condividere la mensa eucaristica nella luce della risurrezione, che ricorda a tutti i cristiani di abbandonarsi nelle mani di Dio: Egli infatti, con il suo amore misericordioso, rende possibile l'impossibile.

CONCLUSIONI

In questi primi mesi di pontificato, così ricchi di novità, di speranze, di attese, di interesse, le parole e i gesti di papa Francesco hanno mostrato quanto centrale egli consideri il cammino ecumenico per la costruzione visibile dell'unità della Chiesa. Anche solo la lettura dei suoi testi indica quanto egli ritenga importante rinnovare l'impegno della Chiesa Cattolica per la rimozione delle divisioni che hanno indebolito e indeboliscono l'annuncio della Buona Novella. I testi presi in esame in questo lavoro, con una scelta che ha privilegiato le parole pubbliche rispetto alle notizie su incontri ecumenici, costituiscono una fonte privilegiata per una riflessione su quanto sia importante che i cristiani, a cominciare dai cattolici, ricerchino forme e occasioni per rendere sempre più forte il dialogo.

La centralità indicata da Bergoglio non costituisce certo una novità nel magistero dei pontefici a partire dal Vaticano II, come egli stesso ricorda citando talvolta i suoi predecessori; gli elementi di forte continuità con questi ultimi sono affiancati da altri con i quali papa Francesco sembra auspicare un rilancio e un rafforzamento di quel dialogo ecumenico che, pur non trovandosi in un inverno, mostrava qualche segno di rassegnazione, di sfiducia, di rallentamento. Per Francesco non si può e non si deve vivere il cammino ecumenico se non attraverso la gioia che i cristiani traggono dall'aver ricevuto in dono, direttamente da Gesù Cristo, il compito di vivere la comunione nella quotidianità. Tramite questo suo invito a vivere la gioia della testimonianza cristiana si va construendo un impegno ecumenico che si caratterizza per alcuni elementi.

Innanzitutto appare continuo il richiamo al Concilio Vaticano II, ai suoi documenti e a quello spirito nel quale maturarono scelte che hanno poi alimentato il dialogo ecumenico, aprendo prospettive inimmaginabili fino a pochi anni prima. In questo orizzonte si collocano il viaggio di Paolo VI in Terra Santa e l'incontro con il patriarca Atenagora, del quale Francesco celebra il 50° anniversario compiendo lo stesso pellegrinaggio; questo vive il suo momento più alto, il «culmine» (per riprendere un'espressione di Bergoglio), nella celebrazione ecumenica al Santo Sepolcro dove Francesco e Bartolomeo rinnovano il proprio impegno nella promozione del dialogo, indicando difficoltà e obiettivi. Anche la *Dichiarazione comune* che precede questa celebrazione, e che è il primo documento ecumenico a portare la firma di papa Bergoglio, mostra quanto il dialogo, alla luce dei passi compiuti, debba trovare nuova forza nel rinnovato impegno missionario dei cristiani per la pace, la salvaguardia del creato, la libertà religiosa, l'accoglienza dei profughi, senza dimenticare mai i nodi teologici ancora da sciogliere; l'elenco di questi ultimi include questioni complesse, come il dibattito sulla natura e sull'esercizio del primato di Pietro, che toccano il cuore di quanto ancora divide i cristiani, ma non prima di aver sottolineato quanto già li unisce, secondo uno stile che richiama proprio il Vaticano II (allorché in tanti, tra cui lo stesso Giovanni XXIII, insistevano sul fatto che i cristiani dovessero scoprire e vivere quanto già li univa). Le questioni ancora aperte rappresentano gli obiettivi da raggiungere attraverso il confronto teologico, sempre illuminato dalla preghiera, senza la quale si corre il rischio di pensare l'ecumenismo come un accordo al ribasso, come la ricerca di un minimo comune denominatore, perdendo di vista che esso è invece la strada maestra per comprendere sempre meglio la verità da annunciare e da testimoniare. Da questo punto di vista appare particolarmente interessante il richiamo, più volte enunciato con interlocutori diversi, alla necessità di giungere quanto prima alla condivisione della mensa eucaristica; si tratta di un passaggio che indica un obiettivo in grado di far fare un ulteriore salto qualitativo al dialogo ecumenico con delle ricadute immediate e profonde nella vita quotidiana delle comunità.

La memoria del viaggio di Paolo VI in Terra Santa, tanto invocata in questi mesi, apre un secondo scenario, altrettanto importante per la comprensione dell'opera di papa Francesco diretta a superare le divisioni tra i cristiani. Montini aveva deciso di compiere questo pellegrinaggio per tornare alle origini del cristianesimo, per visitare i luoghi dove tutto era nato, dove Gesù aveva vissuto, predicato, compiuto miracoli, era morto in croce ed era risorto per la salvezza del mondo. Si trattava di tornare a un modello neotestamentario, pur sapendo che non ce n'era uno solo ma una pluralità, ognuno con le proprie caratteristiche, che condividevano le centralità dell'annuncio della morte e risurrezione di Cristo. Papa Bergoglio si muove verso la proposizione di un modello evangelico per la Chiesa del XXI secolo tanto da farne uno dei capisaldi nel processo di aggiornamento conciliare, che egli conduce nella convinzione che questo possa consentire alla Chiesa una maggiore efficacia nella sua missione. Il modello evangelico, per lui, richiama anche uno stile di comunione fondata sul collegio degli apostoli dove, benché non mancassero accenti diversi, regnava un'armonia che deve rappresentare un modello per il cammino ecumenico verso un'unità nella diversità. La Chiesa di Roma, proprio perché fondata su Pietro, porta con sé la responsabilità di promuovere un dialogo nella carità con le altre Chiese che rivendicano un'origine apostolica: a lei spetta il compito di indicare cosa già unisce i cristiani.

Paolo VI si era detto «pellegrino di pace» in una regione, quella del Medio Oriente, dove già nel 1964 si avvertiva tutta la precarietà di un percorso di riconciliazione che sembrava un'utopia; alla pace si era appellato Paolo VI e alla pace si appella ora papa Francesco, ovunque, non solo in Terra Santa, cercando al tempo stesso di rendere questa sua istanza la più ecumenica possibile nella convinzione che tutti i cristiani possono contribuirvi, cercando di coinvolgere poi anche le comunità di altre religioni e gli uomini e le donne che manifestano interesse per una prospettiva di dialogo e di lotta alla violenza. Si potrebbe dire che anche questo invito nasca da una rilettura del Vaticano

II: in Concilio, il tema rimase confinato in alcuni testi, ma il dibattito fu tanto articolato e vivace da essere recepito molto più degli stessi documenti promulgati.

Con l'appello alla pace si entra nel cuore dell'azione ecumenica di papa Francesco che, con le sue parole e i suoi gesti, si propone di costruire una cultura dell'incontro e del dialogo a partire da una sempre più ampia partecipazione dei cristiani al cammino ecumenico, che è il luogo dove testimoniare l'obbedienza a quanto Gesù Cristo ha chiesto alla comunità apostolica. L'unità rende più efficace la missione della Chiesa, cioè l'annuncio della Buona Novella, ma aiuta anche i cristiani a comprendere quanto essi possono fare per la società e nella società, tenendo sempre la porta aperta a eventuali collaborazioni su temi come la salvaguardia del creato o la libertà religiosa.

In questo percorso un posto privilegiato spetta al popolo ebraico, verso il quale Bergoglio spende molte parole nella convinzione che la Chiesa Cattolica debba riconciliarsi con esso, soprattutto dopo quanto è successo nel XX secolo; riconciliarsi con il popolo ebraico significa rileggere in modo critico la storia dei rapporti tra cristiani ed ebrei, ma anche definire fonti e temi comuni sui quali sono possibili e auspicabili delle sinergie. In questa decisa azione di papa Francesco si avverte l'influsso delle esperienze argentine, come suggerisce la stessa presenza del rabbino Skorka sull'aereo papale in volo verso Amman. Conoscere meglio gli ebrei non significa appoggiare la loro politica, ma favorire una migliore comprensione della Chiesa, soprattutto nei suoi primi secoli, così come è stato auspicato dal Concilio Vaticano II e poi indicato dai predecessori di papa Bergoglio.

Su un altro piano si pone il rapporto con i musulmani, con i quali si possono trovare strade di collaborazione, soprattutto in alcuni campi; questo tuttavia non riguarda il percorso ecumenico, che invece è radicato nel patrimonio spirituale e teologico condiviso tra ebrei e cristiani.

Il cammino ecumenico, così come emerge dalla lettura degli interventi di papa Francesco, non si configura come qualcosa di saltuario, di secondario, di provvisorio, ma come un pilastro della vita della Chiesa Cattolica nell'opera di annuncio della Buona Novella, come emerge chiaramente dalla lettura del Nuovo Testamento prima ancora che dai documenti conciliari. Papa Bergoglio, anche attraverso i suoi incontri personali, che diventano sempre occasioni che segnano profondamente gli interlocutori, lasciando dentro di loro un segno di accoglienza evangelica, richiama così un impegno quotidiano per la costruzione dell'unità visibile della Chiesa; la riflessione teologica e la conoscenza delle questioni ecumeniche ancora aperte non devono venire meno, anche se appaiono i deuteroprotagonisti di quella scoperta dei doni preziosi nei fratelli e nelle sorelle in Cristo. Il protagonista di questa scoperta è la preghiera in Dio, Padre, Figlio e Spirito Santo che, proprio per il suo infinito amore misericordioso, come ha ribaltato la pietra dal sepolcro sarà in grado di far superare gli ostacoli che ora sembrano insormontabili, in modo che i cristiani possano vivere l'unità della Chiesa nella diversità delle tradizioni.

BIBLIOGRAFIA

AA. Vv., *Verità di Cristo-Verità dell'uomo*, LIEF, Vicenza 1982.

AA. Vv., *La sapienza del cuore. Omaggio a Enzo Bianchi*, Einaudi, Torino 2013.

AA.Vv., *Paolo VI pellegrino in Terra Santa*, Edizioni Terra Santa, Milano 2014.

ALVES C., "Para uma hermenêutica apropriada do Vaticano II. O discurso inaugural de João XXIII", in *Gregorianum*, 94 (2013), pp. 5-34.

ARJAKOVSKY A., *En attendant le Concile de l'Église Orthodoxe*, Cerf, Paris 2011.

BARAUNA G. (a cura di), *La Chiesa del Vaticano II. Studi e commenti intorno alla Costituzione dommatica Lumen gentium*, Vallecchi, Firenze 1965.

BARTHOLOMEOS I, *Incontro al mistero*, Qiqajon, Magnano (Bi) 2013.

ID., *La via del dialogo e della pace*, Qiqajon, Magnano (Bi) 2014.

BARTOLOMEO, SCOLA A., *Chiese in dialogo. Per la vita buona delle nostre città*, Centro Ambrosiano, Milano 2013.

BENEDETTO XVI, *Insegnamenti*, vol. 1 (2005), Libreria Editrice Vaticana, Città del Vaticano 2006.

ID., *Insegnamenti*, vol. 2/1 (2006), Libreria Editrice Vaticana, Città del Vaticano 2007.

ID., *Insegnamenti*, vol. 6/1 (2010), Libreria Editrice Vaticana, Città del Vaticano 2011.

ID., *Insegnamenti*, vol. 7/2 (2011), Libreria Editrice Vaticana, Città del Vaticano 2012.

BERGOGLIO J., SKORKA A., *Il cielo e la terra. Il pensiero di Papa Francesco sulla famiglia, la fede e la missione della Chiesa nel XXI secolo*, Mondadori, Milano 2013.

BURIGANA R., "*Il desiderio dell'auspicata unione*. Note storico-teologiche sull'ecumenismo in Paolo VI", in *Colloquia Mediterranea*, 1/2 (2011), pp. 7-17.

BURIGANA RE., BURIGANA R., *I Papi in Terra Santa. I viaggi di Paolo VI, Giovanni Paolo II e Benedetto XVI in Terra Santa*, prefazione del patriarca Bartolomeo I, Fondazione Giovanni Paolo II, Firenze 2013.

CANOBBIO G., "Il dialogo interreligioso nei documenti del Vaticano II", in *Teologia*, 38 (2013), pp. 240-264.

CANOBBIO G., GRASSI P. (a cura di), *Una bussola per il terzo millennio*, Fondazione Apostolicam Actuositatem, Roma 2013.

CAPRETTI F., *La Chiesa italiana e gli ebrei. La recezione di Nostra Aetate 4 dal Vaticano II a oggi*, EMI, Bologna 2010.

CAPRILE G., "Visita del Patriarca copto di Alessandria", in *La Civiltà Cattolica*, 124/2 (1973), pp. 471-480.

CERETI G., "I dialoghi teologici fra la Chiesa Cattolica e le Chiese della Riforma", in PACINI A. (a cura di), *Pensare la fede in comunione. I dialoghi teologici tra le Chiese*, pp. 63-105.

CERETI G., PUGLISI J. (a cura di), *Enchiridion Oecumenicum*, vol. 3, EDB, Bologna 1995.

CHADWICK O., *Michael Ramsey. Il primate del dialogo*, San Paolo, Cinisello Balsamo (Mi) 1993.

CHANDLER A., HANSEN C. (edd.), *Observing Vatican II: The confidential reports of the Archbishop of Canterbury's Representative, Bernard Pawley, 1961-1964*, Cambridge University Press, Cambridge 2013.

CHIRON Y., *Frère Roger, il fondatore di Taizé*, San Paolo, Cinisello Balsamo (Mi) 2009.

COMMISSIONE LUTERANA-CATTOLICA ROMANA SULL'UNITÀ, "Dal conflitto alla comunione. La commemorazione comune luterana-cattolica della Riforma nel 2017", in *Il Regno-Documenti*, 58/11 (2013), pp. 353-384.

COMUNITÀ DI SANT'EGIDIO, *Lo spirito di Assisi: dalle religioni una speranza di pace*, San Paolo, Cinisello Balsamo (Mi) 2011.

DIETER TH., "Dalla 'Dichiarazione congiunta sulla dottrina della giustificazione verso una visione comune della apostolicità della chiesa nel dialogo luterano/romano", in *Studi Ecumenici*, 31 (2013), pp. 61-74.

FAIRBANKS G., "Così s'impara a guardare con gli occhi dell'altro. I rapporti del Consiglio ecumenico delle Chiese e l'Alleanza battista mondiale", in *L'Osservatore Romano*, 25.01.2014, p. 6.

FOA A., *Portico d'Ottavia 13. Una casa del ghetto nel lungo inverno del '43*, Laterza, Roma-Bari 2013.

FRÈRE ALOIS, "Sotto lo stesso tetto. Le differenze teologiche non precludono l'unità in Cristo", in *L'Osservatore Romano*, 22.01.2014, p. 6.

GAMBERINI P., "Il dialogo teologico tra Chiesa Cattolica e Comunione Anglicana: l'Arcic", in PACINI A. (a cura di), *Pensare la fede in comunione. I dialoghi teologici fra le Chiese*, pp. 129-157.

GEERNAERT D., "Anglican-Roman Catholic International Dialogue (from 1970)", in RADANO J. A. (ed.), *Celebrating a Century of Ecumenism*, pp. 122-141.

GIOIA F. (a cura di), *Il dialogo interreligioso nell'insegnamento ufficiale della Chiesa cattolica (1963-2013)*, Libreria Editrice Vaticana, Città del Vaticano 2013³.

GIOVANNI PAOLO II, *Insegnamenti*, vol. 1 (1978), Libreria Editrice Vaticana, Città del Vaticano 1979.

ID., *Insegnamenti*, vol. 6/1 (1983), Libreria Editrice Vaticana, Città del Vaticano 1984.

ID., *Insegnamenti*, vol. 9/1 (1986), Libreria Editrice Vaticano, Città del Vaticano 1987.

ID., *Insegnamenti*, vol. 9/2 (1986), Libreria Editrice Vaticana, Città del Vaticano 1987.

ID., *Insegnamenti*, vol. 21/1 (1998), Libreria Editrice Vaticana, Città del Vaticano 2000.

ID., *Insegnamenti*, vol. 23/1 (2000), Libreria Editrice Vaticana, Città del Vaticano 2002.

ID., *Insegnamenti*, vol. 25/1 (2002), Libreria Editrice Vaticana, Città del Vaticano 2004.

GIRALDO R., "Chiesa locale, collegialità e papato", in *Studi Ecumenici*, 26 (2008), pp. 227-243.

ID., "La decima Assemblea mondiale del CEC", in *Studi Ecumenici*, 21 (2013), pp. 365-384.

GREGERMAN A., "Interpreting the Pain of Others: John Paul II and Benedict XVI on Jewish Suffering in the Shoah", in *Journal of Ecumenical Studies*, 48 (2013), pp. 443-466.

GUITTAT-NAUDIN M., "Les silences de Pie XII entre mémoire et oubli 1944-1958", in *Revue d'Histoire Ecclesiastique*, 106 (2011), pp. 214-239.

HASSETT M. K., *Anglican Communion in Crisis. How Episcopal Dissidents and Their African Allies are reshaping Anglicanism*, Princeton University Press, Princeton/Oxford 2007.

Hellin F. G., *Nostra aetate. Declaratio de Ecclesiae habitudine ad religiones non-christianas*, Libreria Editrice Vaticana, Città del Vaticano 2013.

Ilarion di Volokolamsk, "Lo stato attuale delle relazione ortodosso-cattoliche", in *Studi Ecumenici*, 29 (2011), pp. 103-118.

Kasper W., "Spunti teologici sull'ecumenismo spirituale", in Aa. Vv., *La sapienza del cuore. Omaggio a Enzo Bianchi*, pp. 158-171.

La Pira G., *Il manifesto del mondo nuovo. Commento all'enciclica Pacem in terris di Papa Giovanni XXIII*, Giuntina, Firenze 1963.

Lamdan N., Melloni A. (edd.), *Nostra Aetate: Origins, Promulgation, Impact on Jewish Catholic Relations*, Lit, Münster 2007.

Lora E., Simionati R. (a cura di), *Enchiridion delle Encicliche*, vol. 7, EDB, Bologna 1994.

Idd. (a cura di), *Enchiridion delle Encicliche*, vol. 8, EDB, Bologna 1998.

Lorusso L., "L'ospitalità eucaristica negli accordi ecumenici", in *Nicolaus*, 38 (2011), pp. 69-86.

Maffeis A., "I dialoghi teologici della Commissione Fede e Costituzione: le tappe, il metodo e i principali risultati acquisiti", in Pacini A. (a cura di), *Pensare la fede in comunione I dialoghi teologici tra le Chiese*, pp. 29-62.

Id., "Paolo VI e l'ecumenismo", in Pacini A. (a cura di), *Oltre la divisione. L'intuizione ecumenica e il dialogo interreligioso*, pp. 107-135.

Mahieu P., *Paul VI et les orthodoxes*, Cerf, Paris 2012.

Marchesi G., "Il patriarca supremo degli Armeni visita il papa", in *La Civiltà Cattolica*, 148/1 (1997), pp. 379-388.

Martano V., *L'abbraccio di Gerusalemme. Cinquant'anni fa lo storico incontro tra Paolo VI e Athenagoras*, Edizioni Paoline, Milano 2014.

Masson J., "Décès du pape Shenouda III: bilan d'un règne", in *Proche-Orient Chrétien*, 62 (2012), pp. 63-79.

Melloni A., *Pacem in terris. Storia dell'ultima enciclica di Papa Giovanni*, Laterza, Bari-Roma 2010.

Moyaert M., Pollefeyt D. (edd.), *Never revoked. Nostra Aetate as Ongoing Challenge for Jewish-Christian Dialogue*, Peeters/Eerdmans, Leuven/Grand Rapids 2010.

Pacini A. (a cura di), *Oltre la divisione. L'intuizione ecumenica e il dialogo interreligioso*, Paoline, Milano 2011.

ID. (a cura di), *Pensare la fede in comunione. I dialoghi teologici fra le Chiese*, Paoline, Milano 2013.

ID., "Il dialogo teologico tra Chiesa Cattolica e Chiese Ortodosse tra Sinodalità e Primato", in ID., *Pensare la fede in comunione. I dialoghi teologici tra le Chiese*, pp. 107-127.

PALMIERI A., "Primato e sinodalità non si escludono. Il dialogo teologico tra cattolici e ortodossi", in *L'Osservatore Romano*, 19.01.2014, p. 6.

ID., "Il giorno dell'amicizia. Cattolici e ortodossi copti dopo il 10 maggio 1973", in *L'Osservatore Romano*, 10.05.2014, p. 5.

PAOLO VI, *Insegnamenti*, vol. 3 (1965), Libreria Editrice Vaticana, Città del Vaticano 1966.

ID., *Insegnamenti*, vol. 11 (1973), Libreria Editrice Vaticana, Città del Vaticano 1974.

ID., *Insegnamenti*, vol. 14 (1976), Libreria Editrice Vaticana, Città del Vaticano 1977.

PIZZUTO A., *Paolo VI in Terra Santa. Sulle orme di un pellegrino d'eccezione*, Edizioni Terra Santa, Milano 2012.

PLAMEN KARTALOFF K., *La sollecitudine ecclesiale di monsignor Roncalli in Bulgaria (1925-1934). Studio storico-diplomatico alla luce delle nuove fonti archivistiche*, Libreria Editrice Vaticana, Città del Vaticano 2014.

PURDY W., *The search for Unity. Relations between the Anglican and Roman Catholic Churches from 1950s to the 1970s*, Chapman, London 1996.

QUICKE G., "Dialogo ecumenico tra la Chiesa cattolica e la Chiesa ortodossa copta", in *Ecclesia Mater*, 50 (2012), pp. 41-45.

ID., "Per una filosofia dell'incontro. Nel dialogo con le Chiese ortodosse orientali", in *L'Osservatore Romano*, 20-21.01.2014, p. 6.

RADANO J. A. (ed.), *Celebrating a Century of Ecumenism: Exploring the Achievements of International Dialogue*, Eerdmans, Grand Rapids-MI 2012.

RICCARDI A., *Il secolo del martirio. I cristiani nel Novecento*, Mondadori, Milano 2000.

ID., *L'inverno più lungo. 1943-44: Pio XII, gli ebrei, i nazisti a Roma*, Laterza, Roma-Bari 2008.

ROBERSON R., "The Joint International Commission for Theological Dialogue between the Catholic Church and the Orthodox Church", in RADANO J. A. (ed.), *Celebrating a Century of Ecumenism*, pp. 249-263.

RUGGERI G. (a cura di), *La Costituzione "Anglicanorum coetibus" e l'ecumenismo*, EDB, Bologna 2012.

RUSCH W. G., "The History, Methodology, and Implications for Ecumenical Reception of the Apostolicity Study of the Lutheran-Roman Catholic International Dialogue", in RADANO J. A. (ed.), *Celebrating a Century of Ecumenism*, pp. 77-92.

SALVARANI B., RUSCONI M. (a cura di), *La fede degli altri. Introduzione a Nostra aetate e Unitatis redintegratio*, Periodici San Paolo, Milano 2009.

SANTO SINODO DELLA CHIESA ORTODOSSA RUSSA, "Contrasti sul primato nella Chiesa universale", in *Il Regno-Documenti*, 59/3 (2014), pp. 121-125.

SARTORI L., "La gerarchia delle verità. Prospettive ecumeniche", in AA. VV., *Verità di Cristo-Verità dell'uomo*, pp. 205-235.

SCATENA S., *Taizé. Le origini della comunità e l'attesa del concilio*, Lit, Münster 2011.

SCOGNAMIGLIO R., "Il pellegrinaggio di Giovanni Paolo II in Grecia", in *O'Odigos*, 20/2 (2001), pp. 7-9.

SMIT P.-B., *Tradition in dialogue: the understanding of tradition in the international bilateral dialogues of the Anglican Communion*, VU University Press, Amsterdam 2012.

SPITERIS I., "Il documento di Ravenna: un incontro a metà strada", in *Ecclesia Mater*, 46 (2008), pp. 41-46.

SUENENS L.-J., RAMSEY M., *L'avenir de l'église*, Fayard, Paris 1971.

TANGORRA G., "Gaudet Mater Ecclesia", in CANOBBIO G., GRASSI P. (a cura di), *Una bussola per il terzo millennio*, pp. 17-21.

TOLSTAYA K. (ed.), *Orthodox Paradoxes. Heterogeneities and Complexities in Contemporary Russian Orthodoxy*, Brill, Leiden 2014.

TÜRK M., "Per l'unità tra cattolici e riformati. Relazioni con la Federazione luterana mondiale e la Conferenza dell'Unione di Utrecht", in *L'Osservatore Romano*, 24.01.2014, p. 6.

VETRALI T., "Assisi 1986: un'esperienza di pace e di dialogo di pellegrini credenti", in *Studi Ecumenici*, 30 (2012), pp. 515-528.

VOICU S., CERETI G., *Enchiridion Oecumenicum*, vol. 1, EDB, Bologna 1986.

WICKS J., "Lutheran-Roman Catholic World-Level Dialogue: Selected Remarks", in RADANO J. A. (ed.), *Celebrating a Century of Ecumenism*, pp. 55-76.

ZIZIOULAS J., *L'église et ses institutions*, Cerf, Paris 2011.

Testi, discorsi e messaggi di papa Francesco citati nel libro

Messaggio al Rabbino Capo di Roma, dott. Riccardo Di Segni, 15 marzo 2013.

Messaggio a Sua Grazia Justin Welby, arcivescovo di Canterbury, 18 marzo 2013.

Discorso nell'incontro con i rappresentanti delle Chiese e delle comunità ecclesiali, e di altre religioni, 20 marzo 2013.

Discorso a Sua Santità Tawadros II, Papa di Alessandria e Patriarca della Sede di San Marco, Capo della Chiesa Ortodossa Copta d'Egitto, 10 maggio 2013.

Discorso a Sua Grazia Justin Welby, arcivescovo di Canterbury e primate della Comunione Anglicana, 14 giugno 2013.

Discorso alla delegazione dell'International Jewish Committee on Interreligious Consultations, 24 giugno 2013.

Discorso alla delegazione del Patriarcato Ecumenico di Costantinopoli, 28 giugno 2013.

Messaggio al Venerato Fratello il Signor Cardinale Kurt Koch, presidente del Pontificio Consiglio per la Promozione dell'Unità dei Cristiani in occasione del XIII Simposio Intercristiano (Milano, 28-30 agosto 2013), 19 agosto 2013.

Angelus, 1° settembre 2013.

Discorso in occasione dell'udienza a Sua Santità Moran Baselios Marthoma Paulose II Catholicos dell'Oriente e Metropolita della Chiesa Ortodossa Sira Malankarese, 5 settembre 2013.

Veglia di preghiera per la pace, 7 settembre 2013.

Discorso ai partecipanti all'incontro internazionale per la pace promosso dalla comunità di Sant'Egidio, 30 settembre 2013.

Messaggio al cardinale Kurt Koch in occasione della X Assemblea generale del Consiglio Ecumenico delle Chiese, 4 ottobre 2013.

Discorso alla delegazione della Comunità ebraica di Roma, 11 ottobre 2013.

Messaggio per il 70° Anniversario della deportazione degli ebrei di Roma (16 ottobre 1943 – 16 ottobre 2013), 11 ottobre 2013.

Discorso alla delegazione della Federazione Luterana Mondiale e ai rappresentanti della Commissione per l'unità luterano-cattolica, 21 ottobre 2013.

Discorso alla delegazione del Simon Wiesenthal Center, 24 ottobre 2013.

Messaggio a Sua Santità Bartolomeo I, arcivescovo di Costantinopoli, patriarca ecumenico, 25 novembre 2013.

Messaggio ai partecipanti all'incontro europeo dei giovani promosso dalla Comunità di Taizé (Strasburgo, 28 dicembre 2013 - 1° gennaio 2014), 28 dicembre 2013.

Discorso alla delegazione ecumenica della Finlandia in occasione della festa di Sant'Enrico, 17 gennaio 2014.

Angelus, 19 gennaio 2014.

Udienza generale, 22 gennaio 2014.

Omelia per la celebrazione dei vespri nella solennità della conversione di San Paolo Apostolo, 25 gennaio 2014.

Discorso ai presuli della Conferenza episcopale di Bulgaria in visita "ad limina apostolorum", 13 febbraio 2014.

Angelus, 23 febbraio 2014.

Discorso alla delegazione del Consiglio Ecumenico delle Chiese, 7 marzo 2014.

Discorso ai presuli della Conferenza Episcopale della Guinea in visita "ad limina apostolorum", 24 marzo 2014.

Lettera a Sua Santità Tawadros II, Papa di Alessandria e Patriarca della Sede di San Marco, 5 maggio 2014.

Discorso a Sua Santità Karekin II, Patriarca Supremo e Catholicos di tutti gli armeni e seguito, 8 maggio 2014.

Discorso alla 66ª Assemblea Generale della Conferenza Episcopale Italiana, 19 maggio 2014.

Telegramma al Presidente della Repubblica Italiana on. Giorgio Napolitano, 24 maggio 2014.

Dichiarazione comune (con Bartolomeo, Patriarca Ecumenico di Costantinopoli), 25 maggio 2014.

Discorso per la celebrazione ecumenica in occasione del 50° anniversario dell'incontro a Gerusalemme tra Papa Paolo VI e il Patriarca Atenagora, 25 maggio 2014.

Udienza generale, 28 maggio 2014.